Ein Schiff für den Frieden

Erzählt von Christina Bacher
Mit vielen Illustrationen von Lukas Ruegenberg

Ein SCHIFF für den FRIEDEN

Das mutige Leben des Rupert Neudeck

Ein besonderer Dank gilt
Paula Peretti von der Literarischen Agentur PERETTI (Köln) und
Thomas Schmitz von SCHMITZ MERZ Service für Autoren und Verlage
für ihre Vermittlungsarbeit und die aktive Unterstützung bei der Realisierung
dieses Buches.

Impressum

Bibliografische Information der Deutschen Bibliothek. Die Deutsche Bibliothek verzeichnet diese Publikation in der Deutschen Nationalbibliografie; detaillierte bibliografische Daten sind im Internet über http://dnb.dnb.de abrufbar.

1. Auflage, Kempen 2022
© 2022 L100 Verlag, Kempen; Hans-Jürgen van der Gieth • Ulli Potofski GbR.
www.L100verlag.de

Nach der neuen deutschen Rechtschreibung

Alle Rechte dieser Ausgabe vorbehalten durch den L100 Verlag, Kempen

Lektorat: Hans-Jürgen van der Gieth, Kempen
Umschlaggestaltung: Inside Grafik, unter Verwendung einer Illustration von Lukas Ruegenberg und der Fotos von Joergens.mi/Wikipedia, privat
Gestaltung: Inside Grafik, Kempen
Illustrationen: Lukas Ruegenberg
Fotonachweis: siehe S. 168

Trotz intensiver Bemühungen war es uns leider nicht möglich, alle Rechteinhaber ausfindig zu machen. Wir bitten eventuell betroffene Rechteinhaber (Fotos), sich mit uns in Verbindung zu setzen. Rechtsansprüche bleiben gewahrt.

Vertrieb: BVK Buch Verlag Kempen GmbH, www.buchverlagkempen.de

Printed in Europe

Best.-Nr. : L17
ISBN: 978-3-947984-17-6

FSC
www.fsc.org
MIX
Papier aus verantwortungsvollen Quellen
FSC® C165257

Inhalt

„Tuende, nicht Tätige, möchte ich ehren.
Alle diejenigen, die wissen, was es bedeutet,
ein Flüchtling, ein Vertriebener zu sein,
unwillkommen zu sein."

Heinrich Böll aus „Poesie des Tuns"

„GRADE JETZT – EINFACH TUN!" NIE MEHR FEIGE SEIN

Vorwort von Christina Bacher

„Ich möchte nie mehr feige sein, sondern mutig." Das hat Rupert Neudeck gesagt, als er bereits 70 Jahre alt war und schon wirklich viel erlebt hatte. Mutig sein – das ist manchmal leichter gesagt als getan. Wie wird man das denn? Und was genau könnte er mit Feigheit gemeint haben? Er selbst kann uns das nicht mehr erzählen, wie man aus Feigheit Mut macht, denn er ist im Mai 2016 verstorben und hat auf dem Friedhof in Troisdorf seine letzte Ruhestätte gefunden. Wir müssen uns also selbst auf Spurensu-che begeben, um zu schauen, wer dieser Mann eigentlich gewesen ist. Wem wir es zu verdanken haben, dass Tausende Menschen mit einem riesigen Schiff vor dem Ertrinken aus dem Ozean gerettet wurden. Der bis heute mit seinen Ideen als Vorbild für viele engagierte Menschen gilt. Redet man mit seinen Weggefährten, liest sich durch seine Bücher und arbeitet Zeitungsartikel von früher durch, ist es manchmal so, als sei er noch da. Unter uns. Neben uns. In den Köpfen der Menschen. Seine Frau Christel Neudeck erzählt gerne die Geschichte, wie ihr jüngster Enkel Bruno mal das gemeinsame Wohnhaus in Troisdorf inspizierte und plötzlich ganz aufgeregt aus dem Keller nach oben gestürmt kam. „Das müsst ihr sehen! Dort unten sind die Bücher von Rupert! So viele Bücher! Das glaubt ihr nie, wenn ihr das nicht mit eigenen Augen gesehen habt!" Der Knirps hatte die umfangreiche Bibliothek seines Großvaters entdeckt und sofort verstanden, dass diese mehr war als nur bedrucktes Papier und volle Aktenordner. Denn für den damals Dreijährigen, der seinen Opa nur aus Erzählungen kannte, war dieser so wichtig und präsent wie für alle anderen Familienmitglieder auch. Dass dort unten all diese Geschichten von Flucht, Vertreibung und Krieg, aber auch von Versöhnung, Liebe, Frieden und Mut lagerten, das war in dem Moment sogar dem Kind klar. ‚Was für ein Tausendsassa muss dieser Opa gewesen sein', so mag Bruno bei sich gedacht haben, ‚wenn der zu Lebzeiten so viel Wissen für die Nachwelt hortete?' Er würde schnell lesen lernen müssen, um all das verstehen zu können. Den Rest würde er sich dann erzählen lassen. Von denjenigen, die Rupert Neudeck – den Mann seiner Oma Christel – persönlich erlebt haben.

Insgesamt drei Schiffe liefen zwischen 1979 und 1987 unter dem Namen CAP ANAMUR aus, um Menschen in Seenot zu retten.

KAPITEL 1

Eine (zeitweise) schöne Kindheit

Geboren wird Rupert Neudeck am 14. Mai 1939 in Danzig in Polen, dem heutigen Gdansk. Als er gerade mal drei Monate alt ist, bricht in Europa – quasi direkt vor seiner Haustür – der Zweite Weltkrieg aus. Der Kleine ahnt zunächst nichts davon, dass die Welt gerade aus den Fugen gerät. Obwohl die Familie ein schönes Mietshaus gegenüber der Oper bewohnt, verbringt er viel Zeit mit seiner Schwester Ingrid am nahen Strand von Zoppot oder auf dem Bauernhof eines Onkels in Dakau. Der kleine Rupert entwickelt sich zu einem leidenschaftlichen Beobachter und hält sich jede freie Minute in der Natur auf. So schaut er einmal heimlich zu, wie ein Fuchs die Hühner vom Nachbarbauern stiehlt, und ein anderes Mal beobachtet er fasziniert, wie eine Stute ein Fohlen zur Welt bringt. Später verrät er sich selbst damit, indem er begeistert davon erzählt. Zu dem Zeitpunkt kümmern sich dort ausschließlich die angestellten Polen um die Pferde, weshalb Rupert sich wegen seiner großen Liebe zu Tieren wünscht, doch lieber „Pole" zu sein. Zu spät: Vater Edmund, einem deutschstämmigen Studienrat und

seiner Frau Gertrud, genannt Traudl, wurde längst der Antrag auf Namensänderung stattgegeben, und die Familie heißt jetzt nicht mehr Nowoczyn, sondern Neudeck. Ob man mit einem deutschen Namen sicherer vor Anfeindungen ist? Immerhin sind nun auch in Danzig die National-sozialisten unter Adolf Hitler an der Macht und alle, die ihnen nicht huldigen, laufen Gefahr, verschleppt oder umgebracht zu werden.

Einen ersten schweren Knacks be-kommt Ruperts unbeschwerte Kind-heit, als der Vater in den Kriegs-dienst muss. Seitdem macht auch die Mutter ein sorgenvolles Gesicht. Es ist höchste Zeit, Danzig zu verlassen.

Vati, Rupert und die große Schwester Ingrid

Zoppot am Strand: von oben nach unten: Rupert, Vati, Ingrid

13

Kindheit in Gdańks / Danzig

Gdańks / Danzig

Im Jahr 1939 hatte die Stadt Danzig, die heute Gdańks heißt, einen ganz besonderen Status: Sie war bereits 1920 zur „Freien Stadt" erklärt worden, obwohl sie sich in Polen befand. Da die meisten der 220.000 Menschen, die dort lebten, deutsche Wurzeln hatten, war es immer wieder zu Krieg und Streit gekommen. Jetzt sollte der Versuch unternommen werden, die Hafenstadt für alle Menschen gleichsam zu öffnen – sie sollte nun niemandem gehören oder eben allen. Mit dem Überfall der Nationalsozialisten am 1.9.1939 wurde dieser Versuch brutal beendet, indem die Stadt Teil des „Deutschen Reiches" wurde. Während des Zweiten Weltkriegs (1939 – 1945) herrschten nun auch hier – wie überall in Europa – unter der Diktatur von Adolf Hitler Angst und Schrecken.

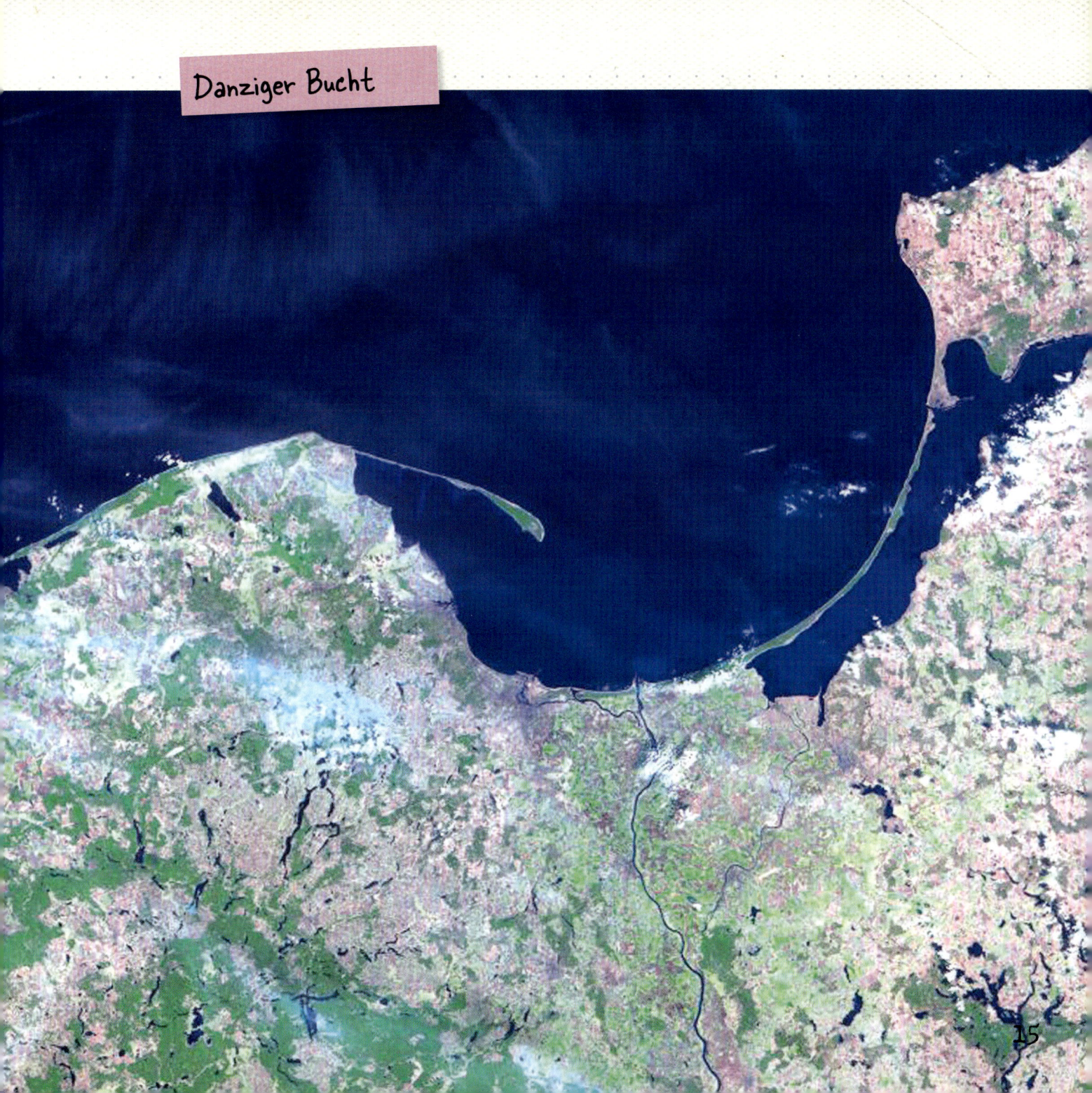

Danziger Bucht

15

Namensänderung

Wie Ruperts Eltern Edmund Nowocyn und seine Frau Gertrud befürchteten viele Menschen mit deutschen Wurzeln aufgrund ihres polnischen Nachnamens Nachteile und stellten den Antrag auf Namens-änderung: Jetzt hießen die Nowo-cyns Neudeck, aus den Buchikovskis wurden die Buchners oder aus den Milrownas die Müllers.

~~Nowocyn~~ =

Neudeck

Danzig 1945

Flüchtlingstreck in Danzig

17

Vertrauen und Freundschaft – Ein Versuch

Danzig etwa 1920

„Die Welt braucht Frieden. Mögen Danzig und Polen dem östlichen Europa darin ein Vorbild sein. Beide Völker mögen glücklich und zufrieden nebeneinander leben, wachsen und gedeihen, durch gegenseitiges Vertrauen und Freundschaft, bei gegenseitiger Unterstützung".

Auszug aus der Rede von Oberst Strutt, britischer Offizier und zeitweise Hoher Kommissar der freien Stadt Danzig, am 20. November 1920.

Günter Grass

Die Blechtrommel

Eine Kindheit in Danzig um diese Zeit wird anschaulich in dem Roman „Die Blechtrommel" von Günter Grass beschrieben. Darin stellt der Autor die Kindheit eines Jungen dar, der mit drei Jahren aus Protest beschließt, nicht mehr wachsen zu wollen. Aus der Perspektive eines Kindes beobachtet Oskar Matzerath, so der Name des Jungen, das Danziger Kleinbürgertum im „Dritten Reich" und schlägt auf seiner Blechtrommel ab und zu Alarm. Dieses Buch wurde 1979 von Volker Schlöndorff verfilmt.

KAPITEL 2

„Wer zu spät kommt, den belohnt das Leben"

21

Der Zweite Weltkrieg neigt sich in diesen Januartagen 1945 dem Ende zu. Als immer deutlicher wird, dass Adolf Hitler und seine Truppen den Krieg verlieren werden, treten mehr als 250 000 Menschen aus Ostpreußen die Flucht an. Schnell spricht es sich herum, dass es nur noch einen letzten offenen Fluchtweg über die Ostsee gibt. So macht sich auch Gertrud Neu-

deck mit ihren inzwischen vier Kindern Ingrid, Rainer, Veit und Rupert (Franz-Martin wird erst später geboren), der Schwiegermutter und ihrer Schwester bei Minustemperaturen und Schnee zu Fuß in Richtung Westen nach Gotenhafen auf, das heute Gdingen heißt.

Die Hafenstadt ist schon seit Wochen voller Flüchtlinge, wie man hört. In diesen Tagen jedoch herrscht besonders großes Chaos, weil alle noch auf das große Schiff wollen, das dort vor Anker liegt. Die Abfahrt der „Wilhelm Gustloff" verzögert sich zwar immer wieder, weil ständig noch mehr Flüchtlinge an Bord kamen, dennoch: Die Neudecks kommen am 31. Januar 1945 zu spät am Hafen an. „Wärst du doch früher gekommen", wird Trudel Neudeck von einem Onkel vor Ort begrüßt. „Es hätte noch Karten gegeben!"

Für die kommende Nacht findet die kleine Reisegruppe zum Glück noch eine einfache Unterkunft in einem Seemannsheim. Und dann spricht es sich gegen 21 Uhr wie ein Lauffeuer herum: Ein russisches U-Boot hat das Feuer auf das ehemalige Kreuzfahrtschiff eröffnet und – von drei Torpedos getroffen – ist es innerhalb von einer Stunde untergegangen. In kurzer Zeit finden mehr als 9000 Menschen im eiskalten Meer den Tod – nur ein paar hundert können gerettet werden. Wie durch ein Wunder hat Rupert mit seiner Familie diese Nacht überlebt, einfach deshalb, weil er zu spät gekommen ist. Den Fünfjährigen wird dieses Erlebnis sein ganzes Leben prägen.

„Wer zu spät kommt, den belohnt das Leben",

ist zu Ruperts Lieblingsspruch geworden.

Der Untergang der Wilhelm Gustloff

Seitdem Schiffe die Meere befahren, hat es wohl kein größeres Schiffsunglück gegeben, als den Untergang der Wilhelm-Gustloff. Viele Jahre ging man aufgrund der offiziellen Passagierlisten davon aus, dass 4974 Flüchtlinge zuzüglich Soldaten, Unteroffiziere und Offiziere der Kriegsmarine an diesem Abend den Tod gefunden haben. Doch die ehemalige Marinehelferin Eva Rotschild-Dorn berichtet viele Jahrzehnte später, dass die Kladden mit den Listen am Nachmittag des 29. Januar 1945 bereits voll waren.

„Die später an Bord kommenden Flüchtlinge wurden deshalb von uns nicht mehr registriert, also namentlich erfasst, sondern von den Soldaten am Eingang nur noch gezählt. Ich schätze, dass noch über 2000 Personen an Bord gekommen sind." Heute weiß man, dass in dieser Nacht mehr als 9300 Menschen im eisigen Meer den Tod fanden.

O-Ton eines Überlebenden der Gustloff

„Ich lag in meiner Koje und las ein Karl-May-Buch, als es plötzlich drei dumpfe Schläge gab und das Schiff sich zur Seite neigte. Das Meer war übersät von Menschen in Schwimmwesten und auch von Toten. Angst habe ich in der Situation nicht gehabt, die kam erst später, als wir schon von einem Torpedoboot an Bord genommen worden waren", erinnert sich der damals 13-Jährige Günther von Maydell anlässlich der Ausstellung zum 70. Jahrestag des Untergangs in Lübeck.

Ein besonderes Kind

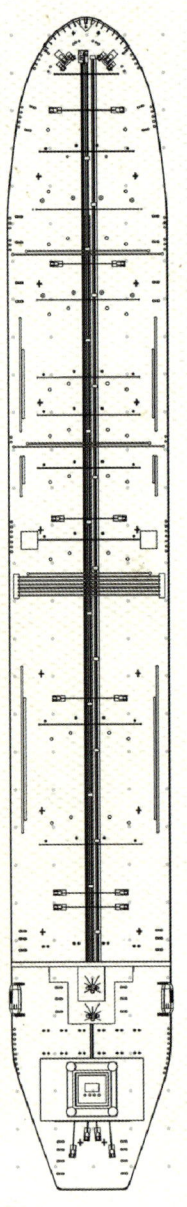

Sieben Stunden nach dem Untergang des Schiffes gibt es eigentlich keine Hoffnung mehr auf Überlebende – es ist einfach zu kalt in diesen Wintertagen. Dann jedoch findet der Bootsmaat Werner Fick in einem Rettungsboot einen etwa einjährigen lebenden Jungen, in eine Decke und Mäntel gewickelt. Der Retter, dessen Ehe kinderlos geblieben war, nennt den Jungen „Peter" und adoptiert ihn mit seiner Frau. Vermutlich handelt es sich bei dem Kind um den Sohn von Hermann Freymüller, der seine Familie bei

dem Unglück verlor und der viele Jahre um die Rückgabe seines Sohnes vor Gericht kämpft – jedoch ohne Erfolg. Er stirbt 1964, kurz vor dem 21. Geburtstag des „letzten Überlebenden der Gustloff", an dem der junge Mann laut Gerichtsbeschluss die Wahrheit über seine Herkunft hätte selbst entscheiden sollen, bei wem er leben wolle. Peter Weise ist später Kapitän geworden und hat 2006 das Buch „Hürdenlauf – Erinnerungen eines Findlings" geschrieben.

Nacht fiel über Gotenhafen

Der Untergang der „Wilhelm Gustloff" wurde auch in einem Spielfilm dargestellt. Unter dem Titel „Nacht fiel über Gotenhafen" erzählt der Film aus dem Jahre 1959, wie viele Menschen mit der „Wilhelm Gustloff" fliehen wollten und das Schiff in der Nacht auf See von einem sowjetischen U-Boot versenkt wurde.

Filmplakat 1959

Michael Gorbatschow

Michael Gorbatschow

Einer von Rupert Neudecks Lieblingssprüchen „Wer zu spät kommt, den belohnt das Leben" ist in Wirklichkeit eine Umkehrung einer Äußerung von Michael Gorbatschow (1931 – 2022), der ehemalige sowjetische Präsident und Parteiführer. Am Rande der Feierlichkeiten zum 40. Jahrestag der DDR-Staatsgründung am 6. und 7. Oktober 1989 in Ost-Berlin soll Michail Gorbatschow zu Erich Honecker den berühmten Satz gesagt haben: „Wer zu spät kommt, den bestraft das Leben." Rupert Neudeck zitierte den Satz selbst häufig und kehrte ihn bewusst ins Gegenteil um, wenn er über die Tage in Gdingen sprach. Tatsächlich aber hat Gorbatschow folgenden „verschachtelten Satz" geäußert: „Ich glaube, Gefahren lauern nur auf jene, die nicht auf das Leben reagieren." Da eh eine deutsche Übersetzung hermusste, bügelten die jungen Journalisten den Satz dann nach eigenen Vorstellungen angeblich glatt, wie sich der damalige dpa-Mitarbeiter Heinz Joachim Schöttes erinnerte. Mit Erfolg! Selbst „Gorbi" hat den Satz später als „gesagt" akzeptiert.

KAPITEL 3

Die lange Flucht in die Freiheit

Rupert, Mutti und Ingrid

Weil es keine andere Möglichkeit gibt, kehren die Neudecks erst einmal nach Danzig zurück. Doch dort ist nichts mehr wie früher: Verfeindete Banden stromern durch die Stadt und die deutschstämmige Familie ist in diesen letzten Kriegstagen nicht mehr sicher. Dass vor allem die Frauen in Gefahr sind, bekommen die Kinder hautnah mit, als Tante Anni vor ihren Augen überfallen wird. Ihre Schreie werden sie nie vergessen. Die Kälte auf einem Kohleschiff vereitelt eine weitere Fluchtmöglichkeit – fast wären sie dort erfroren. Als es dann eines Nachts an die Tür der Danziger Wohnung klopft und sich eine polnische Familie als neue Bewohner des Hauses vorstellt, ist klar: Die Neudecks wurden enteignet und müssen die Stadt nun endgültig verlassen.

Als am 8. Mai 1945 der Krieg in Europa zu Ende ist, übernehmen die vier Siegermächte – USA, Großbritannien, Frankreich, Sowjetunion – die Regierungsgewalt in Deutschland. Ob nun der Vater bald wiederkommt? Gertrud Neudeck und ihre Kinder haben sich in den letzten Wochen in Ludolfine versteckt gehalten, einer Siedlung am Rande von Oliwa – ganz in der Nähe der alten Heimat. Wenn Rupert Hunger hat, schleicht er sich unter Lebensgefahr an die Kaserne der russischen Soldaten heran in der Hoffnung, in einem unbewachten Moment einen Klops aus der Küche entwenden zu können. Kurz vor dem großen Aufbruch nach Deutschland kommt ein Franziskanermönch an der Notunterkunft vorbei, wo die Neudecks auf engstem Raum leben. Als er merkt, dass die Kinder lange nichts gegessen haben, greift er in seine Kutte und holt einen Brotlaib heraus. Dem hungrigen Rupert kommt das wie ein Wunder vor. Ob es sich bei dem Mann um den wundertätigen Heiligen Antonius höchstpersönlich handelt? Später wird er noch häufig an diese selbstlose Geste denken, gerade dann, wenn vor seinen Augen andere Hunger leiden.

Verlust der Heimat

VERTREIBUNG

FLUCHT

Umsiedler aus Polen

Vertreibung der Deutschen aus dem Sudetenland

„Rückführung" deutscher Kinder aus Polen

Zwischen 1944 / 45 und 1950 waren 12 bis 18 Millionen Deutsche von Flucht und Vertreibung aus den ehemaligen Ostgebieten betroffen – die Schätzungen von Historikern gehen hier auseinander. Bis zu 600.000 Menschen von ihnen starben auf der Flucht. Getrieben also von der Sorge um das nackte Überleben und auf der Suche nach Nahrung, machten sie sich vor allem im Juni / Juli 1945 – zum selben Zeitpunkt wie die Neudecks – zu Fuß oder mit der Bahn auf den Weg nach Westen. Wer Glück hatte, hatte wenigstens Familienmitglieder an seiner Seite, die einem vertraut waren.

Rupert Neudeck sagte in der Sendung „Zeitzeichen" im WDR:

„Da ist erstmal die lebenslange Bewunderung für die eigene Mutter, weil die hält das alles zusammen. Die Welt bricht zusammen, das Vertrauen in die Menschheit gibt es nicht mehr, überall Schrecken und Verlust, aber die Mutter ist wie der Fels in der Brandung."

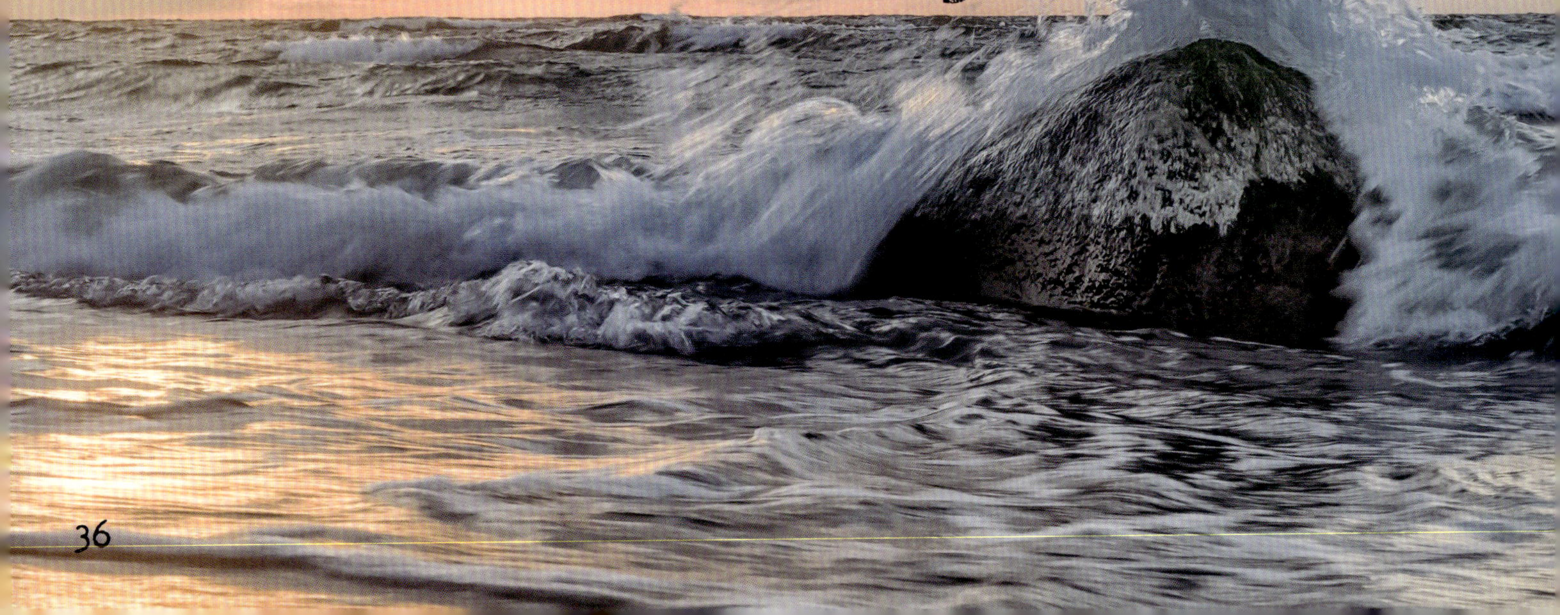

Luftangriffe auf Danzig

Die Stadt Danzig ist im 2. Weltkrieg zwischen dem ersten Luftangriff am 11. Juli 1942 bis kurz vor dem Kriegsende mehrfach angegriffen worden. Am 30. März 1945 wurde Danzig endgültig durch die Rote Armee der Sowjetunion und der polnischen Armee eingenommen. Rund 60 Prozent der Gebäude der gesamten Stadt waren zerstört. Die Altstadt lag sogar zu 90 Prozent in Trümmern.

Zerstörtes Danzig

KAPITEL 4

Der Vater lebt!

Im Juni / Juli 1945 macht sich die Familie Neudeck dann – wie unzählige weitere Menschen – vorwiegend zu Fuß und teilweise mit der Bahn auf den Weg nach Westen. Sie sind getrieben von der Sorge um das nackte Überleben. Der kleine Rupert hat vor allem Angst, man könne die Mutter zur „Zwangsarbeit" nach Sibirien verschleppen. Er weiß zwar nicht, wo dieses Sibirien liegt, aber man sagt, dass keiner mehr von dort zurückkehrt. Zu essen gibt es in dieser Zeit nicht viel. Deshalb röstet Ruperts Mutter vor jeder Fluchtetappe ein wenig Brot, um es haltbarer zu machen. So kann man es auch besser lutschen, wenn Hunger oder Durst unterwegs nicht mehr auszuhalten sind. Mehr Proviant gibt es oft tagelang nicht.

Verlaust und hungrig kommt die Familie schließlich in der Nähe von Dessau an, wo man eigentlich bei Ruperts Tante Unterschlupf finden wollte – doch die hat sich längst selbst in Sicherheit gebracht. Dennoch hat sich der Weg gelohnt: In Wohlsdorf, wo die Familie einige Monate bleibt, erfahren die Neudecks,

dass der Vater lebt. Er hat sich auf dem Weg aus britischer Kriegsgefangenschaft über Norwegen durchgeschlagen und hält sich nun in Hagen in Ostwestfalen auf. Die Besatzungsmächte haben Deutschland nämlich unter sich aufgeteilt. Edmund Neudeck wird als gebürtiger Pole in die „britische Zone" geschickt. Trudl schreibt ihrem Mann von nun an regelmäßig. Oft geht es in den Briefen um die viel zu kleinen Essensrationen und den großen Hunger in diesen Tagen:

„Kein Fleisch, kein Fett, keine Milch mehr, wenig Brot und wenig Zucker. (...) Wir haben aber reichlich Kartoffeln, Mohrrüben und Zwiebeln im Keller",

heißt es am 27.10.1945.

Alle hoffen nun darauf, dass die Familienzusammenführung bald klappen wird. Doch in den nächsten Monaten, so schätzt man, wollen 1,5 Millionen Flüchtlinge in Deutschland aufgenommen werden – darunter Gertrud Neudeck und ihre vier Kinder. Da heißt es Geduld haben.

41

Nie mehr wie früher

Die Männer, die den Krieg als Soldaten überlebt hatten, wollten natürlich so schnell es ging wieder nach Hause. Edmund Neudeck jedoch wusste, dass es in Danzig nie mehr so sein würde wie vor dem Krieg. Er hatte die letzten Kriegsmonate als Meteorologe in dem Seefliegerhorst Tromsoe in Nordnorwegen verbracht und ab dem 9. Mai 1945 – gemäß der Kapitulationsbedingungen – für die englische und norwegische Luftwaffe gearbeitet. Dann schloss er

sich einem Gefangenentransport nach Narvik an und kam von dort in ein Lager nach Schleswig-Holstein im Raum Eutin. In einem Aufsatz hat er sich später nochmal an diese Zeit erinnert:

Aus Tromsoe und Danzig zusammengefunden

„Aus der Gefangenschaft wurde ich im Februar 1946 entlassen. Die mehrfachen Überprüfungen aller Gefangenen, die im Zivilberuf einen Titel hatten, der auf „rat" endete, hatte ich schließlich überstanden. Dem Transport in ein sogenanntes Überprüfungslager nach Belgien entging ich in letzter Minute durch einen Offizier vom Intelligence Service, der das nötige Verständnis für die politische Harmlosigkeit eines Meteorologen und Studienrats mit naturwissenschaftlichen Fächern aufbrachte. Aus der Unterhaltung mit dem Offizier entnahm ich, dass sich unsere Gegner nicht vorstellen konnten, dass gerade in der Wehrmacht wenig nach der politischen Gesinnung gefragt worden war. Der Befehl Hitlers, nur einwandfreie Anhänger der NS-Ideologie in den höheren Beamtendienst zu übernehmen, war ihm bekannt, dass er häufig umgangen wurde, passte ihm nicht in seine Richtlinien.

Mein Entlassungsort war Hagen in Westfalen, wohin mein Schwager mit Familie von Dessau aus vor den Russen geflohen war. Er war zusammen mit seiner dreiköpfigen Familie und meiner Mutter, die von meiner Schwester „herübergeholt" worden war, bei Verwandten untergekommen. In seiner 2-Zimmer-Wohnung wurde auch ich aufgenommen. Ich bemühte mich nun, so schnell wie möglich meine Familie nachzuholen und wieder in den Schuldienst zu kommen."

In dieser Zeit schreiben sich Edmund und Trudl zahlreiche Briefe. So weiß jeder vom anderen, wie es ihm geht.

Wieder zu Hause

Heimkehrer aus sowjetischer Kriegsgefangenschaft

Alleine mehr als 30.000 Soldaten wurden in den Monaten nach Kriegsende aus den USA nach Hause geschickt, aus der Sowjetunion sollen es mehr als 890.000 gewesen sein, aus Frankreich über 600.000 Menschen. Alle, die erst nach 1947 zurückkamen, galten als Spätheimkehrer. Froh, den Krieg und die Strafgefangenenlager überlebt zu haben, fanden sie oft nicht das Zuhause vor, das sie verlassen hatten. Die Städte in Deutschland lagen in Trümmern, alle staatliche Ordnung hatte sich aufgelöst und manche Familienmitglieder waren lange unauffindbar oder blieben für immer verschollen.

Was die oft schwer traumatisierten Männer erwartete, nachdem man sie einer Stadt zugeteilt hatte, war erst einmal ein Berg Bürokratie. So mussten sie vom Wohnungsamt zum Polizeirevier, vom Standesamt für den Nachweis der Staatsangehörigkeit wieder zurück zum Wohnungsamt, von Gängen zum Ernährungsamt, Arbeitsamt, der Landesversicherungsanstalt und der Krankenkasse ganz zu schweigen. Über ihre schlimmen Erlebnisse in Gefangenschaft konnten die wenigsten reden, sie machten vieles mit sich selbst ab. Nicht wenige schlossen sich deshalb dem Verband der Heimkehrer, Kriegsgefangenen und Vermisstenangehörigen Deutschlands an, der 1950 gegründet worden war und der die ehemaligen Soldaten bei der Wiedereingliederung in die Gesellschaft unterstützte.

Ehrenmal des Verbandes der Heimkehrer im Stadtwäldchen Dortmund

KAPITEL 5

Erstes Schuljahr unter erschwerten Bedingungen

Die Briefe, die Gertrud Neudeck in dieser Zeit an ihren Mann schreibt, geben Auskunft über ihre großen Sorgen von damals. Vor allem befürchtet sie, nicht genug Lebensmittel für die Großfamilie zu bekommen. Über ihren Sohn Rupert schreibt sie am 27.10.1945:

„Rupert geht nun auch in die Schule, macht Oma und mir aber viel Kopfzerbrechen, denn er ist so wurschtig und nachlässig und weiß nie, was er auf hat. Ganz das Gegenteil von Ingrid. Es ist ja alles schwierig, zugegeben, denn es gibt weder Tafel, noch Fibel, noch Hefte."

Und am 6. Dezember 1945, nach einem erneuten Umzug:

„Gestern erreichte uns das erste handschriftliche Lebenszeichen von Dir nach so schrecklicher Zeit. Hier ist es etwas wohnlicher. Und Frau Wilke, unsere Quartiermacherin, ist unbezahlbar. Wohl keinem Menschen bin ich so dankbar wie ihr. Mit vier Kindern ist man nämlich überall ungern gesehen. Und lebhaft sind unsere Krabben! Von der Zeit März - August, bis wir hier landeten, kann ich nur sagen, dass sie uns außer dem Lagerleben alles

Schreckliche brachte, was man sich vorstellen kann. Dass Veit das ausgehalten hat, ist eigentlich ein Beweis für seine gute Konstitution. Nach der 12-tägigen Reise hierher, nein auch schon vorher, konnte das fast 2 Jahre alte Kind nicht mehr sitzen (!). 3-mal war er sozusagen im Verscheiden."

Veit ist oft kränklich und hat im Winter – wegen Mangel an Feuerholz können die Neudecks nicht heizen – ganz blaue Händchen, wie seine Mutter besorgt an den Vater schreibt. Auch der sechsjährige Rupert ist für sie zunächst ein Sorgenkind. Der Junge lernt nur langsam und schwerfällig rechnen, beklaut einen Mitschüler und nässt plötzlich wieder ein. Das ist ihm selbst sehr peinlich. Wieder sucht er Halt und Zerstreuung in seinen Streifzügen durch die Natur und entdeckt seine Faszination für die „Sandkiete", eine Art Schutt- und Mülllabladestation. Dort stromert er stundenlang herum auf der Suche nach Brauchbarem. Erst, als man in der Schule sein Talent fürs Schreiben und Singen entdeckt, ist die Mutter beruhigt. Und am Ende des Schuljahres bekommt er sogar ein sehr gutes Zeugnis mit einer wohlwollenden Bewertung: „Haltung gut!" Zur Belohnung darf er eine von drei Schulfibeln für einige Tage nach Hause mitnehmen, um sie in Ruhe lesen zu können.

Rupert im Glück!

„Einmal zog eine Schar Frauen und Kinder (...) erschöpft und wortlos mit ihren Schlitten an uns vorbei. Plötzlich fiel ein kleines, in Pelz eingemummtes Kind vom Schlitten und blieb erstarrt liegen. (...) aber die Mutter, die vor Erschöpfung nichts mehr hörte, stapfte ungerührt weiter."

Rupert Neudeck

KAPITEL 6

Ein neues Zuhause
in Schwerte / Hagen

Erst als die beantragten Papiere zur Familienzusammenführung genehmigt sind, darf die Familie mit dem Zug endlich nach Hagen ziehen – eine Stadt, die vom Bombenhagel ganz besonders hart getroffen wurde. Ob die Neudecks hier nun ein neues Zuhause finden werden? Alle hoffen das so sehr. Nach langer Zeit können sie dort den Vater wieder in die Arme schließen. Erst einmal müssen sie einige Wochen in einer Sammelunterkunft in Schwerte unterkommen, die notdürftig in einem Gasthaus eingerichtet ist. Zum Glück dürfen die Kinder – außer dem Jüngsten – an der Schulspeisung teilnehmen, obwohl sie noch gar nicht in der Schule angemeldet sind. Dass eine Wäscherei unentgeltlich die Wäsche der Großfamilie wäscht, beeindruckt die „Heimatvertriebenen", wie man sie jetzt nennt, sehr. Es sind diese kleine Gesten, die gerade zählen und die Tage erträglich machen.

Die Familie wird schließlich in zwei ehemaligen Büroräumen eines Mühlenunternehmens „zwangsuntergebracht" und ist damit erstmal zufrieden. Obwohl die Toilette dort nur über den Hof zu erreichen ist und es kein fließendes Wasser gibt. Leider sind die Besitzer des Hauses nicht gut auf die „polnische Familie" zu sprechen, die in dieser beengten Situation auch noch Nachwuchs erwartet. Für die Neudecks jedoch ist die Geburt des fünften Kindes Franz-Martin ein Zeichen, das nun alles gut werden wird. Schließlich bekommt der Vater als Studienrat die Erlaubnis der Militärregierung zum Unterrichten. Am 15.9.1946 nimmt er seine Arbeit als Lehrer am Städtischen Gymnasium Hagen auf. Im Jahr 1950 bezieht die Familie in der Nähe eine Wohnung. „Nun sind wir eingegliedert", beschreibt Edmund Neudeck das erleichterte Gefühl, endlich an einem Ort angekommen zu sein. Hoffentlich kann die Familie nun zur Ruhe kommen.

Neue Heimat im Westen – Hagen

Die Zerstörung der Hagener Innenstadt lag bei rund hundert Prozent, es wurden etwa 2,3 Millionen Kubikmeter Trümmerschutt verzeichnet.

Im September 1945 bekam die Stadt Hagen rund 4000 Tonnen Kohle zum Heizen, damit wäre man nicht annähernd über den kalten Winter gekommen. Also gingen über 100 Waldarbeiter los, um im städtischen Forst und in Privatwäldern Holz zu hacken. Außerdem verbrannte man aus der Not heraus Treppenhausgeländer und Holzbänke und öffnete alte Kohleschächte. In den Folgemonaten wurden die Versorgungsprobleme im ganzen Ruhrgebiet nicht geringer, denn es kamen immer mehr Kriegsheimkehrer und Flüchtlinge in die Region. Nicht immer wurden sie freundlich begrüßt – viele Menschen hatten Angst, den Winter selbst nicht zu überleben.

Luftangriff

Kälte kann tödlich sein

Die Körpertemperatur eines Menschen beträgt 37 Grad. Sinkt sie nur um zwei Grad, kann schon eine Unterkühlung eintreten. Wird es noch kälter, werden wichtige Organe wie Herz und Gehirn nicht mehr versorgt. Erfrieren dauert nur wenige Minuten, wenn man keine Vorkehrung trifft.

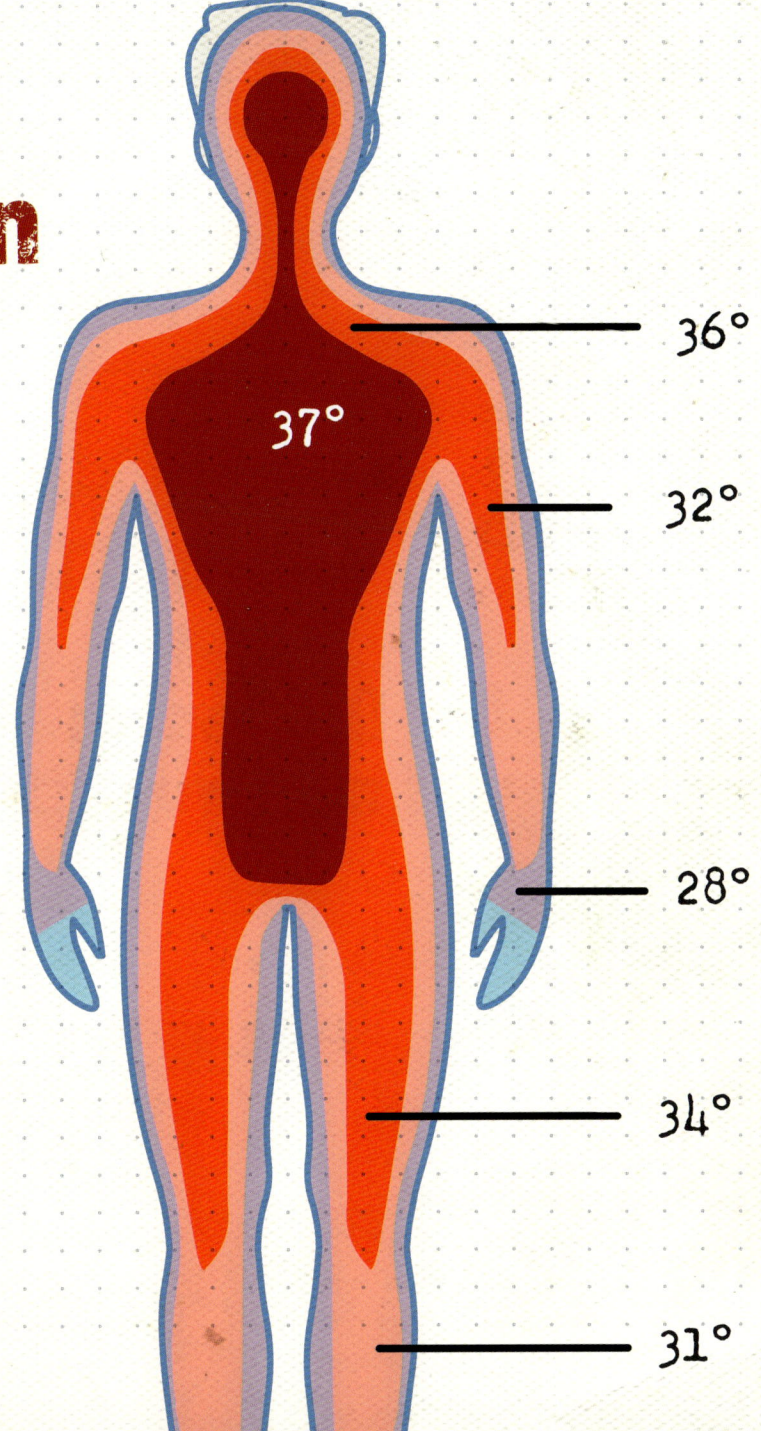

37°

36°

32°

28°

34°

31°

KAPITEL 7

Die Suche nach dem, was man wirklich werden will

Rupert entwickelt sich zu einem engagierten jungen Mann, der mit wachen Augen durchs Leben geht. Jeden Morgen bleibt er auf seinem Schulweg vor dem Zeitungsaushang stehen und studiert die Schlagzeilen, um sich zu informieren. So erfährt er im Oktober 1956 von dem Volks-aufstand in Ungarn oder von der einen oder anderen politischen De-monstration in Bonn. Es reizt ihn, mehr darüber zu erfahren. Kurzer-hand löst er ein Bahnticket und fährt dorthin – ohne sich zu Hause abzumelden. Am Abend kehrt er erfüllt zurück! <u>Man kann so viel tun, wenn man nur will.</u>

Bonn, Demonstration von Vertriebenenverbänden

Die Brüder in Hagen

Mit 16 Jahren tritt Rupert in die CDU ein, was seine Eltern nur daran bemerken, dass eines Tages eine Rechnung über die Mitgliedschaft der Partei ins Haus flattert. <u>Er möchte etwas bewegen,</u> hat er sich überlegt. Und so schreibt er – neben seinem politischen Engagement – regelmäßig Leserbriefe, unter anderem an die Frankfurter Allgemeine Zeitung. Eins steht fest: Stillstand ist nichts für ihn. Rupert liebt die Fächer Latein, Englisch und Französisch. Mit Physik und Mathematik plagt er sich eher ab. Für das Fach Zeitgeschichte brennt er, weil er den Eindruck hat, dass man nur aus der unmittelbaren Vergangenheit lernen kann, wenn man sie auch kennt. Schließlich macht er im Jahr 1958 am Fichte-Gymnasium in Hagen sein Abitur. Kurze Zeit scheint es, dass er Politiker werden möchte. Um den Plan zu verwirklichen, beginnt er sogar in Bonn ein Jurastudium, das er jedoch schon bald abbricht. Lieber als mit Akten möchte er mit Menschen zu tun haben. Das hat er nun herausgefunden.

So fährt er mit einer kleinen Gruppe der katholischen Studentengemeinde zu den Obdachlosenquartieren der

Stadt und kümmert sich um die Kinder dort. Im zweiten Semester studiert er folgerichtig Katholische Theologie in Paderborn. Zeitgleich lernt er über seinen jüngeren Bruder den sogenannten Bauorden kennen, der kurz zuvor – im Jahr 1953 – von dem holländischen Ordensmann Werenfried van Straaten gegründet wurde. Der Orden wurde gegründet, um Studenten zu motivieren, Flüchtlingen und Vertriebenen in Deutschland beim Bau von Eigenheimen zu helfen. So organisiert der Bauorden hauptsächlich für junge Erwachsene sogenannte Baucamps, mit denen soziale und gemeinnützige Einrichtungen bei Bau- und Renovierungsarbeiten unterstützt werden. Wie viele andere junge Leute

Werenfried van Straaten

auch, packen Rupert und sein jüngerer Bruder Rainer mit an und helfen, Unterkünfte und Häuser für Flüchtlinge und Vertriebene zu bauen. Auch, wenn Rupert kein gelernter Handwerker ist, bemerkt er jetzt, was er mit eigenen Händen und viel Einsatz bewirken kann.

KAPITEL 8

Keine halben
Sachen machen

Dass Rupert im Bauorden einen Jesuiten kennenlernt, der ihm zum Vorbild wird, ist sicher mit ein Grund, warum er die Gebets- und Gottesdienstübungen im Priesterseminar noch radikaler durchführt, als man das eigentlich von ihm erwartet. Morgens steht er um fünf Uhr auf, isst wenig, betet mehrmals am Tag, wandert schweigend und bestraft sich dafür, wenn er etwas falsch gemacht hat. Dabei vergisst er ganz, auf seine eigenen Bedürfnisse zu achten und wird immer dünner. „Ich wollte was Radikales!" sagt er später. Er möchte das Evangelium nicht nur studieren, sondern es auch leben. So tritt der Zwanzigjährige für zwei Jahre in einen Jesuitenorden ein und hält sich an alle Regeln, auch an die 24 Tage dauernden Exerzitien und geistlichen Übungen, die er vor der Ablegung des Klostergelübdes unter Einhaltung des Schweigens abhält. Es fühlt sich fast an wie bei einem Wettlauf: Wer am längsten kniet, wer am wenigstens isst oder trinkt, der hat gewonnen. Und da Rupert immer alles hundertprozentig machen möchte, merkt er erst gar nicht, dass ihm dieses strenge Leben nicht gut tut: Er kommt – lebensgefährlich abgemagert – ins Krankenhaus.

Symbol der Gesellschaft Jesu

KAPITEL 9

Mitstreiterin fürs Leben

Wieder auf dem Weg der Genesung trifft Rupert Neudeck eine wichtige Entscheidung. Er weiß jetzt, dass er in der Welt nur etwas zum Besseren verändern kann, wenn er sich nicht mehr länger von ihr abwendet. Während er sich im Kloster auf dem Jakobsberg manchmal wie in einer „Weltraumkapsel" gefühlt hat, staunt er jetzt, was in der Zwischenzeit alles in der Welt passiert ist: Tatsächlich sind die Kubakrise und ein drohender Atomkrieg an ihm vorbeigegangen. Weiterhin wissbegierig schreibt er sich für das Studium der Philosophie an der Westfälischen Wilhelms-Universität in Münster ein, wo er unter anderem auf Bücher des Philosophen Albert Camus stößt. Die Frage, wie man ein Heiliger werden kann, auch ohne an Gott zu glauben, lässt ihn bis zu seiner Promotion zu dem Thema „Die politische Ethik bei Jean Paul Sartre und Albert Camus" nicht mehr los.

Westfälische Wilhelms-Universität in Münster

Eine Studienfahrt führt Rupert Neudeck an Ostern 1970 von Münster über Wien nach Budapest. Im Bus hinter ihm sitzen zwei junge Frauen, die miteinander diskutieren und ihn immer wieder ins Gespräch einbeziehen. Mit einer der beiden – Christel Schänzer heißt sie – diskutiert er schließlich über einen Artikel über die Schriftstellerin Luise Rinser in der Zeitschrift DER SPIEGEL, die er dabei hat.

Nach eingehender Lektüre sagt die damals 27-Jährige Pädagogikstudentin überzeugt, dass sie derselben Meinung sei, wie der Verfasser des Artikels. Dieser, so erfährt sie später, ist kein Geringerer als Rupert Neudeck selbst. Als Christel wieder zurück bei ihrer Familie am Niederrhein ist, erzählt sie ihrer Schwester von der Begegnung mit Rupert, woraufhin die entgegnet: „Den heiratest du mal." Christels überzeugte Antwort: „Den kann man nicht heiraten, aber faszinierend ist er schon." Sind es die schönen Gedichte – darunter eins von dem Dichter H. C. Artmann – die er ihr in den nächsten Wochen immer wieder zusteckt, die sie dann doch mehr beeindrucken als zunächst gedacht?

Luise Rinser, Schriftstellerin, Mitglied der Akademie der Künste (AdK) Berlin-West, Bundesrepublik Deutschland

ai
amnesty international

Oder die endlosen Gespräche in den kleinen neun Quadratmeter-Studentenbuden bei viel Kaffee und Zigaretten? Sicher ist die gemeinsame Arbeit bei der gerade gegründeten amnesty international-Gruppe, die sich um die Einhaltung der Allgemeinen Erklärung der Menschenrechte bemüht, sehr verbindend für die beiden jungen Menschen. Und bestimmt hat es Christel damals schon beeindruckt, wie unerschrocken und mutig Rupert alles anpackt, was ihm wichtig erscheint. Und irgendwann setzt sie ihm mit Mai-

glöckchen ein Zeichen der Verbundenheit. Es sind keine sieben Monate nach dem Kennenlernen vergangen, da heiraten die beiden. Rupert erzählt später, dass er von Anfang an überzeugt gewesen sei, die Richtige gefunden zu haben, und dass er sofort gewusst habe, dass er nie wieder eine wie Christel kennenlernen würde. Er hat eine Mitstreiterin fürs Leben gefunden, und so kommt 1972 die erste Tochter Yvonne Rossana zur Welt, zwei Jahre später der Sohn Marcel Garcia. Einige Jahre später wird noch das „Nesthäkchen" Milena geboren. Und als Rupert im Jahr 1977 eine feste Anstellung als Redakteur beim Deutschlandfunk bekommt, zieht die Familie in ein Haus in Troisdorf bei Köln.

KAPITEL 10

Eine schicksal-
hafte Begegnung

Jean-Paul Sartre und Simone de Beauvoir

André Glucksmann

Bernard Kouchner

Am 1.2.1979 begibt sich Rupert beruflich auf eine Parisreise mit dem Ziel, den berühmten Philosophen Jean-Paul Sartre (den er insgeheim „mon cher maître" nennt) in seiner Wohnung am Boulevard Edgar Quinet zu interviewen. Bevor er ihn trifft, möchte er noch mit einem gemeinsamen Bekannten – André Glucksmann – sprechen. Die beiden Männer verabreden sich am Ankunftstag um 15 Uhr im Café Boule d'Or – diese Begegnung wird Ruperts Leben für immer verändern. In einem Mix aus Deutsch und Französisch erzählt Glucksmann ihm von der kleinen Insel Pulau Bidong im Südchinesischen Meer, auf der unzählige Bootsflüchtlinge aus Vietnam festsäßen. Auf kleinstem Raum, so erfährt

Rupert, drängen sich die Menschen – erschöpft von der Flucht und teilweise schon am Verdursten –, weil sie in ihrem Heimatland nicht mehr sicher sind und verfolgt werden. Rupert hört von Müttern mit halbverhungerten Kindern und Menschen mit Hautkrankheiten und Tuberkulose.

Die, die es nicht bis zur Insel geschafft hätten, seien bereits auf der Flucht in kleinen Booten über das Meer ertrunken oder verdurstet. Rupert ist entsetzt. Es ist für ihn keine Frage, die Aktion „Comité un Bateau pour le Vietnam" zu unterstützen und in Deutschland Geld für das Rettungsschiff Île de Lumière zu sammeln. Das lässt sich der engagierte Journalist und ehemalige Flüchtling nicht zwei Mal sagen. Nach seinem Interview mit Jean-Paul Sartre, das gut verläuft, und einem Gespräch mit Dr. Bernard Kouchner, der die Hilfsaktion in Frankreich angezettelt hat, fährt er voller Tatendrang nach Troisdorf zurück. Noch auf dem Rückweg im Zug schreibt er einige Zeilen an den bekannten

Schriftsteller Heinrich Böll, in denen er um Unterstützung bittet. Er wirft den Brief gleich nach seiner Ankunft am Kölner Hauptbahnhof ein.

KAPITEL 11

Berühmte Unter-
stützer finden

Heinrich Böll sagt sofort seine Hilfe zu. Und nicht nur er erscheint auf der ersten Pressekonferenz in Bonn, die Rupert organisiert: Sogar André Glucksmann kommt aus Paris und Luise Drüker ist anwesend, die damalige Vertreterin der UN-Flüchtlingskonvention in Singapur. Am Abend berichten Tagesschau und heute-Sendung im ZDF – mehr

Fernsehprogramme gibt es Ende der 70er Jahre gar nicht. Und als Rupert Neudeck die Chance bekommt, im „Report Baden Baden" im Gespräch mit Moderator Franz Alt die Initiative „Ein Schiff für Vietnam" vorzustellen, steht das Telefon zu Hause bei Christel nicht mehr still. An diesem Abend werden die Kontonummern der Aktion eingeblendet und es wird zum Spenden aufgerufen – für die damalige Zeit sehr ungewöhnlich. Als das Ehepaar Neudeck drei Tage später zur Sparkasse geht, sind 1,2 Millionen Deutsche Mark auf dem Konto, sodass man neben der Unterstützung für das französische Schiff nun auch noch ein deutsches Rettungsschiff chartern kann.

Ein neuer Lebensabschnitt beginnt.

„Wenn jemand droht zu ertrinken, muss er gerettet werden."

Christel Neudeck

Albert Camus (1913–1960) war neben Heinrich Böll für Rupert Neudeck ein großes Vorbild. Der französische Philosoph – in Algerien als „pieds-noirs" geboren und somit selbst ein Entwurzelter – ging davon aus, dass jeder Mensch selbst über sein Leben und Handeln bestimmen kann. Wie auch die anderen Mitstreiter, die den Gedanken und Vorstellungen der Existentialisten angehörten, glaubte er nicht an eine übergeordnete göttliche Ordnung. Einerseits habe jeder Mensch die Freiheit, das zu werden, was er wolle. Andererseits werde eben nicht jeder Mensch unter denselben Bedingungen geboren. „Ich revoltiere, also sind wir!" schrieb Camus 1961 und meinte damit, dass jeder die

Albert Camus, 1945

Pflicht hat, gegen diese Ungleichheit zu protestieren. Ein WIR werde es nur geben, wenn Menschen nicht aufgrund ihrer Geburt und Herkunft benachteiligt seien und sich andere dafür einsetzten – ein Zeichen der Humanität und Menschlichkeit. Rupert Neudeck bestätigten diese Schriften, auf dem richtigen Weg zu sein: Unter humanitärer Hilfe verstand auch er, dass man Menschen, die sich aufgrund von Naturkatastrophen oder Kriegen in Not befinden, hilft. Deshalb hatte Heinrich Böll auch sofort zugesagt, die Hilfsaktion der „Cap Anamur" zu unterstützen. Im Oktober 1981 gab er für den STERN ein wichtiges Interview, in dem er sagte, er würde jeden – ohne Einschränkung – retten, auch, wenn es sich um einen Verbrecher handele.

Heinrich Böll (1917 – 1985), deutscher Schriftsteller, erhielt 1972 den Nobelpreis für Literatur

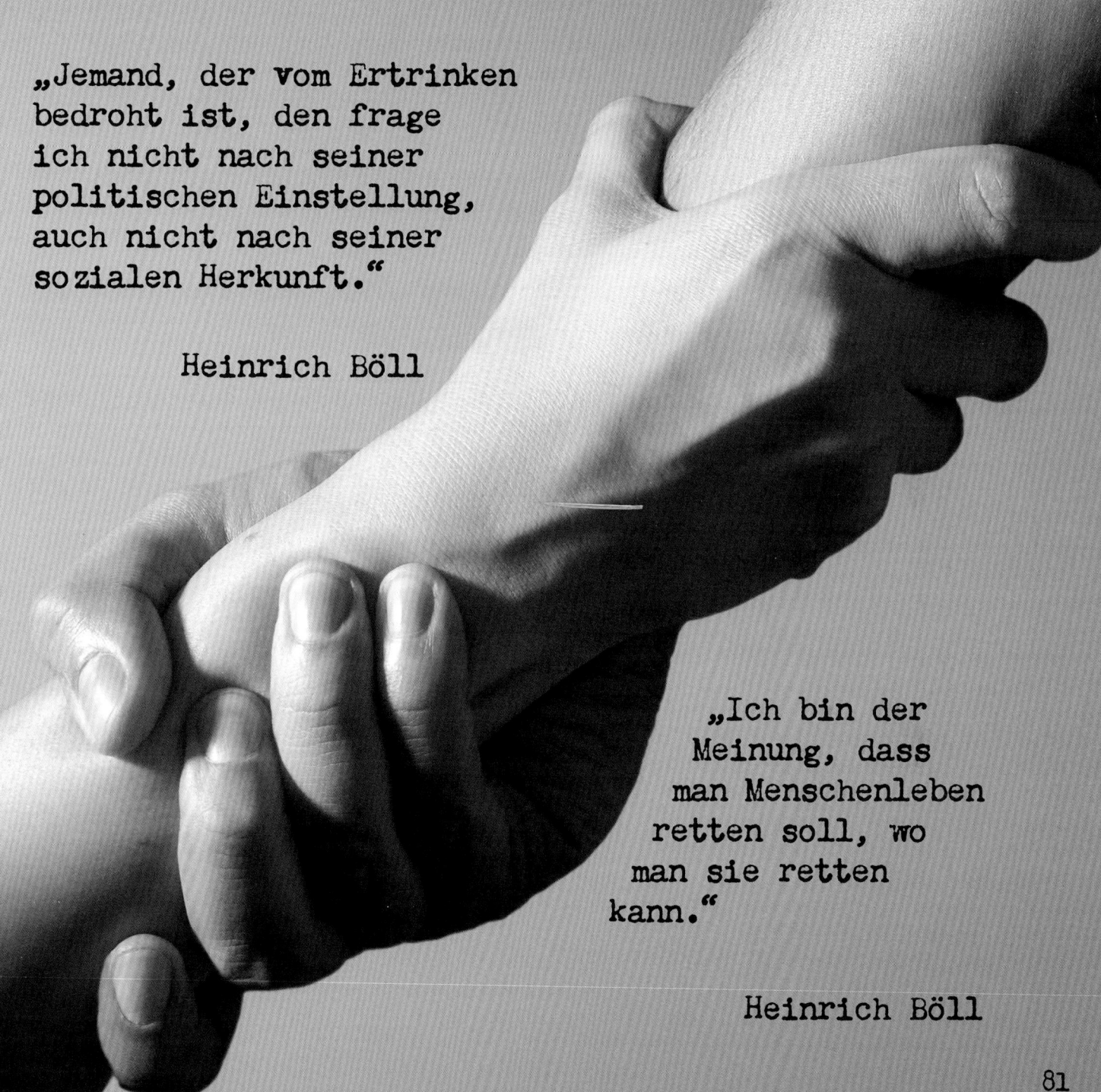

„Jemand, der vom Ertrinken
bedroht ist, den frage
ich nicht nach seiner
politischen Einstellung,
auch nicht nach seiner
sozialen Herkunft."

Heinrich Böll

„Ich bin der
Meinung, dass
man Menschenleben
retten soll, wo
man sie retten
kann."

Heinrich Böll

81

KAPITEL 12

Die Suche nach einem Schiff

CAP ANAMUR
Deutsche Not-Ärzte e.V.

In Hamburg findet Rupert einen Reeder, der ihm ein Schiff vermietet, das zu dem Zeitpunkt im japanischen Kobe vor Anker liegt. Im Auftrag des Komitees „Schiff für Vietnam" stellt man nun von Troisdorf aus ein Team aus Medizinern und Krankenschwestern zusammen, die sich bereits für einen Einsatz gemeldet haben. Gemeinsam fliegen die ehrenamtlichen Helferinnen und Helfer Anfang August 1979 nach Osaka, um das Schiff mit dem Namen CAP ANAMUR zu einem Hospitalschiff umzurüsten – mit Operationssaal und hunderten Klinikbetten. Vor der Abfahrt kommen noch 50 Tonnen Reis, 5 Tonnen Erbsen, 3000 Kilo getrockneter Fisch, 500 Kilo grüner Tee und Obst an Bord. Ende Januar 1980 kann das riesige Schiff endlich – nach kleineren Fahrten an den Küsten der Inseln Galang entlang – seine große Mission

Besatzung mit ihren Ferngläsern permanent den Horizont nach feindlichen Booten absuchen muss. In erster Linie aber ist man auf der Suche nach den „schwimmenden Nussschalen", auf denen oft mehr als dreißig Menschen zusammengepfercht übers Meer treiben. Viele singen gemeinsam, einige beten, um sich und anderen Mut zu machen,

beginnen. Ziel ist das Südchinesische Meer, wo überfüllte Boote mit Flüchtlingen aus Vietnam gesichtet wurden. Soviel steht fest: Lange können diese Menschen – darunter viele Kinder – in den kleinen Barken auf offener See nicht überleben.

Nicht selten wird die CAP ANA-MUR unterwegs von bewaffneten Piraten angegriffen, weshalb die

dass bald Rettung kommt. Über eine Leiter müssen die Flüchtlinge dann an Bord kommen und dabei Ruhe bewahren. „Ruhig bleiben! Ganz langsam nacheinander an Bord kommen!" erklärt ein Mitarbeiter auf vietnamesisch, um Panik zu vermeiden. Es sind die letzten Meter, die die geschwächten Menschen noch schaffen müssen auf dem Weg in die Freiheit.

Sind die Geretteten – oft wegen ihres schlechten Zustands auf dem Rücken der CAP ANAMUR-Mit-

arbeiter – über die wackligen Holzleitern an Bord des rettenden Schiffes gelangt, werden sie zunächst ärztlich versorgt, bekommen Essen und Trinken und einen Schlafplatz. Die Fahrt zu einem Zwischenlager – beispielsweise in Malaysia – kann drei Wochen und mehr dauern, die sich die Geflüchteten mit dem Lernen von deutschen Vokabeln vertreiben. Die Hoffnung, dass für sie ein Antrag beim deutschen Bundesministerium des Innern als „Kontingent-Flüchtling" gestellt

werden kann, ist groß. Wenn man damals nämlich aus völkerrechtlichen oder humanitären Gründen fliehen musste, konnte man in den 80er-Jahren tatsächlich so einen Asylantrag umgehen. Dennoch: Oft konnte für die meisten Flüchtlinge die Reise mit dem Flugzeug nach Deutschland erst nach monatelanger Wartezeit im Lager weitergehen.

KAPITEL 13

11 300 „Boat People"

Rupert steht immer wieder vor neuen Problemen: Trotz der Unterstützung vieler deutscher Politiker wird es immer schwerer, an eine Einfahrtgenehmigung in einen sicheren Hafen zu kommen. Aber wenn keiner das Schiff anlegen lässt, werden irgendwann die Lebensmittel knapp. Und die Geduld der Geflüchteten wird auf eine harte Probe gestellt.

Es bleibt dem Kapitän und seinem Team nichts anderes übrig, als genug Treibstoff zu laden und mit den 285 Flüchtlingen an Bord die sechswöchige Fahrt – 16.000 Kilometer über sämtliche Weltmeere – nach Hamburg anzutreten. Mit dem Proviant und dem Trinkwasser muss nun sparsam umgegangen werden, damit es für alle reicht. Doch neben den Entbehrungen und Ängsten dieser Tage passieren auch schöne Dinge: Am 19. Juli wird der kleine Mai Trung Son Martin an Bord geboren – eine Woche später kommt die CAP ANAMUR an der Schleuse in Brunsbüttel an, wo das Schiff von Rupert Neudeck und seinem Sohn Marcel schon ungeduldig erwartet wird. Die Flüchtlinge sind nun nach monatelanger Flucht endlich in Sicherheit. Welchem Bundesland sie zugeteilt werden, haben sie bereits an Bord erfahren.

Allen Schwierigkeiten zum Trotz retten die „Menschenfischer", wie sie nun überall genannt werden, bis 1986 insgesamt 11.300 Menschen aus

Rettung von Flüchtlingen im Südchinesischen Meer

dem Südchinesischen Meer, 35.000 weitere Menschen sind an Bord medizinisch versorgt worden. Viele von ihnen leben bis heute in Deutschland und haben eigene Familien gegründet. Jeder einzelne gerettete Flüchtling hat ein eigenes, individuelles Schicksal.

Vietnamkrieg

In der Mitte des sogenannten Kalten Krieges unternahmen die USA seit 1964 in Vietnam den Versuch, einen möglichen Vormarsch der Kommunisten zu verhindern. Erst nachdem Millionen Menschen auf beiden Seiten getötet worden waren und sogar die Menschen in den USA

Ein Vietcong-Gefangener wird in der Spezialeinheit A-109 in Thuong Duc, 25 km westlich von Da Nang, verhört

CHINA

TAIWAN

Hong Kong

Hanoi

LAOS

Hainan

Paracel
Islands

Scarborough
Shoal

THAILAND

VIETNAM

Manila

CAMBODIA

Spratly
Islands

PHILIPPINES

Ho Chi Minh City

SOUTH CHINA SEA

Kuala Lumpur

MALAYSIA

BRUNEI

SINGAPORE

INDONESIA

China and Taiwan   Malaysia   Vietnam   Brunei   Philippines

eine der größten Antikriegsdemonstrationen angezettelt hatten, wurde der Krieg nach 11 Jahren für beendet erklärt. Vietnam wurde 1975 unter kommunistischer Herrschaft zur Wiedervereinigung gezwungen. Nach dem Abzug der Amerikaner drangen nordvietnamesische Truppen in die südvietnamesische Stadt Saigon ein. Aus Angst vor weiterem Mord und Totschlag begann eine lang anhaltende Fluchtbewegung, die viele Menschen aus Südvietnam das Leben kostete. Sie

Hubschrauber der US-Armee transportieren Soldaten von Einsatz zu Einsatz

flohen über das Südchinesische Meer, unzählige ertranken und verdursteten. Eine Gruppe um Jean-Paul Sartre und Dr. Bernard Kouchner

o. r.: Kämpfer der NFB (Nationale Front für die Befreiung Süd-Vietnams)

o. l.: Ein Vietcong-Basislager wird niedergebrannt

u. l.: Südvietnamesische Flüchtlinge auf einem Flugzeugträger der US Navy

Schlacht um das Dorf Hamo während einer Offensive

handelte umgehend und charterte das Schiff <u>Île de Lumière</u>, obwohl anfangs nicht genug Geld dafür zur Verfügung stand. Auch für Rupert Neudeck stand fest, dass man – dem Verwaltungsaufwand und allen kritischen Stimmen zum Trotz – dringend handeln musste.

Proteste gegen den Vietnamkrieg in Wien, Österreich

Studentenrevolte 1967/68 in West-Berlin

„Man muss versuchen, für die zu handeln, die in der gegenwärtigen Situation am meisten bedroht sind, man muss eine permanente Anstrengung machen, damit die wahre Demokratie existiert."

Jean-Paul Sartre

KAPITEL 14

Schaltzentrale Wohnzimmer

Seit 1979 aus dem Komitee der Verein Cap Anamur / Deutsche Not-Ärzte e. V. geworden ist, gilt als Vereinssitz das Neudecksche Wohnzimmer in Troisdorf. Während Rupert neben seiner Vollzeitstelle im Deutschlandfunk die Einsätze vor Ort unterstützt, hat sich Christel zu Hause eine Art Schaltzentrale eingerichtet und behält von hier aus

Immer ein gutes Team: Christel und Rupert in ihrem Wohnzimmer in Troisdorf

Familie vor der Haustür in Troisdorf, 1986 (von links: Rupert, Christel, Marcel, Yvonne; vorne: Milena)

die Fäden in der Hand. Nicht selten kommen am Abend bis zu zwanzig Leute aus verschiedenen Ländern zusammen, um weitere Aktionen zu besprechen – oft bis in die Nacht hinein. Bei einem selbstgemachten

Eintopf oder einer Quiche werden die nächsten Rettungsaktionen geplant, die sich nun auch auf andere Länder ausweiten, wo Not herrscht. Mittendrin die Kinder Yvonne und Marcel und später auch die kleine Milena. Irgendwie gehören alle, die hier zusammenkommen, zur Großfamilie, gerade, weil man oft abends zusammen redet und isst. Und die Spenderinnen und Spender in Deutschland unterstützen die Aktion zum Glück auch weiterhin. Mit den Einsätzen aufzuhören, ist keine Option.

Eheleute Neudeck mit den Kindern Yvonne, Marcel und Milena auf dem Spielplatz, 1983

„Der Duft von Pfannkuchen bindet mehr ans Leben als alle philosophischen Argumente."

Georg Christoph Lichtenberg

Vom Wohnzimmer in die Welt

Die Vereinstreffen fanden viele Jahre im Wohnzimmer der Familie Neudeck in Troisdorf statt. Obwohl der berühmte Schriftsteller Günter Grass nie im Wohnzimmer der Familie Neudeck gewesen ist, beschrieb er 1980 die Atmosphäre in dem Buch „Mein Jahrhundert" sehr treffend: „Aber nein, in einem stinknormalen Reihenhaus befindet sich die Zentrale oder was man dafür hält. Und von dort aus meint man, kurzentschlossen ins Weltgeschehen eingreifen, uns gegebenenfalls unter Zugzwang setzen zu können. So hat mir denn seine Frau versichert, dass sie „den ganzen Organisationskram" schaffe, trotz Haushalt und der drei kleinen Kinder. „Mit links" mache sie das, halte dabei ständig Kontakt mit dem besagten Schiff im Südchinesischen Meer und verteile, wie nebenbei, die immer noch reichlich fließenden Spendengelder." (Günter Grass, 1980, Mein Jahrhundert)

Christel Neudeck musste schon damals schmunzeln, als sie dies las. Sie selbst bezeichnete sich nie als große Köchin: Sehr häufig gab es eine Quiche, die alle satt machte.

Christel Neudecks Lieblingsrezept:

Quiche Lorraine gab es oft bei großen Treffen, weil man sie so gut „nebenbei" essen konnte. Wenn Christel hungrige Leute vermutete, habe ich einfach mehr Eier und Sahne genommen.

Rezept für etwa **vier** Personen:

- fertiger Blätterteig
- 4 Eier
- 1 Zwiebel
- 2 Knoblauchzehen
- 1 Paprikaschote

- 1 Möhre
- 2 Frühlingszwiebeln
- etwa 300 gr. Holländer Käse
- 1 Becher Creme Fraiche
- Schinkenspeck gewürfelt
- Salz und Pfeffer

Gut schmeckt die Quiche auch mit Lachs und Brokkoli.

Das Gemüse klein schneiden, den Käse reiben, alles verrühren, auf den Blätterteig geben und ab in den Ofen.

„Die Leute, Herr Staatssekretär, lieben das Chaos. Das mache sie kreativ, bekam ich zu hören. Wir haben es in diesem Fall mit Idealisten zu tun, die sich einen Dreck um bestehende Vorschriften, Richtlinien und so weiter kümmern. Eigentlich bewunderns- wert, fand ich."

Günter Grass

KAPITEL 15

Tuende soll man ehren

Am 23. Oktober 1984 wird Heinrich Böll im dänischen Holstebro anlässlich des zwanzigjährigen Bestehens des ODIN Teatret der Jens Bjørneboe-Preis verliehen. Er gibt ihn an Rupert Neudeck weiter, der seinen „geistigen Vater" und wichtigen Ratgeber auf dieser Reise begleitet. Böll widmet ihm daraufhin das berühmte Gedicht „Poesie des Tuns", das er in seiner Dankesrede vorträgt. Darin geht es vor allem darum, wie großartig es ist, wenn Menschen nicht nur reden, sondern tatsächlich auch etwas tun – gerade, wenn andere in Not sind. Dabei habe dieses Handeln auch etwas sehr Schönes, Erhebendes, Poetisches. Für Rupert ist das eine große Ehre, weil er Heinrich Böll sehr verehrt. Von der Preisverleihung gibt es ein Foto aus der Zeitung, das die beiden Männer im Gespräch zeigt – obwohl der Artikel schon leicht verblichen ist, kann man gut erkennen, wie vertraut sie miteinander sind. Böll wird Rupert Neudeck bis zu seinem Lebensende 1985 immer unterstützen.

„Ich habe seinerzeit spontan zugesagt, als das Odin teatre mir schrieb und bereue das nicht, bereue auch nicht meine Wahl von Rupert Neudeck, eines Menschen, der sich v e r z e h r t in Hilfsaktionen (boat people, Notärzte für Vietnam und Afrika) und der es nicht leicht hat, gegen Bürokratie und Stumpfheit anzugehen.“

Heinrich Böll an Eugenie Barba, künstlerischer Leiter des Odin Teatre, 25.8.1984

Poesie des Tuns

von Heinrich Böll

Es ist schön, ein hungerndes Kind zu sättigen,
ihm die Tränen zu trocknen,
ihm die Nase zu putzen,
es ist schön, einen Kranken zu heilen.
Ein Bereich der Ästhetik, den wir noch nicht entdeckt haben,
ist die Schönheit des Rechts;
über die Schönheit der Künste, eines Menschen, der Natur
können wir uns halbwegs einigen.
Aber – Recht und Gerechtigkeit sind auch schön, und
sie haben ihre Poesie, wenn sie vollzogen werden.
Tuende, nicht Tätige, möchte ich ehren.
Alle diejenigen, die wissen, was es bedeutet, ein Flüchtling,
ein Vertriebener zu sein,
unwillkommen zu sein.

KAPITEL 16

Lasst mal die
Kinder ran!

Oft trauen sich Kinder Dinge auszusprechen, die Erwachsene niemals sagen würden. Ohne Hemmungen reden sie über ihre Gefühle, und so halten auch Yvonne, Marcel und Milena nicht hinterm Berg damit,

wenn ihnen etwas nicht passt. Für Christel, die ja zu Hause arbeitet, ist es selbstverständlich, die Kinder in ihren Alltag einzubinden. Sie wachsen zwar – wie viele andere – in einem Reihenhaus auf, doch anders als andere Kinder bekommen sie von klein auf mit, wie es um die Weltlage bestellt ist. Bei Neudecks gibt es auf alle Fragen eine Antwort, notfalls von einem der vielen Besucher im Haus. Dass es dafür zu Hause vielleicht etwas chaotischer zugeht als woanders, ist für die drei Geschwister normaler Alltag. Neben Gastfreundschaft und Toleranz erfahren sie, dass man etwas tun kann, wenn ein Unrecht geschieht. Zumindest kann man es versuchen, die Welt ein kleines bisschen besser zu machen.

„Wenn Sie anderer Meinung sind, möchte ich Sie bitten, mir einen wirklich triftigen Grund zu schreiben, warum Deutschland die Minenräumpanzer nicht denen geben soll, die sie brauchen."

Milena Neudeck

Als die elfjährige Milena hört, dass die Bundesregierung eine Minenräumaktion ausbremsen möchte, die ihr Vater plant, ist sie entsetzt. Gerade erst – im Jahr 1991 – ist eine befreundete niederländische Krankenschwester mit einem Kollegen im somalischen Hargeisa über eine Mine gefahren und hat durch die Explosion beide Füße verloren. Die Familie ist in großer Trauer und überlegt, ob sie den Einsatz abbrechen soll. Doch die verletzte Frau bittet selbst darum, die Aktion fortzuführen. Ruperts Idee, 16 alte Panzer aus der DDR kostenlos zu übernehmen, um sie fürs Minenräumen umbauen und grün anmalen zu lassen, droht jedoch an Formalien zu scheitern. Milena setzt sich an den Küchentisch und schreibt dem damaligen Außenminister Hans-Dietrich Genscher kurzerhand einen Brief:

„Sie meinen wohl, weil es Ihnen gut geht, können Ihnen die Leute in Somalia egal sein. Würden Sie ohne Beine leben? Die Leute dort müssen es, sie können es sich nicht aussuchen."

Kurz darauf gewährt die Regierung die Panzer kostenlos für die Minenräumaktion, die vielen Menschen in Angola das Leben rettet. Seit 1997 sind Landminen übrigens verboten, aber viele Kriegstreiber halten sich leider bis heute nicht daran. Obwohl das Verbot in der sogenannten Ottawa-Konvention, einem internationalen Abkommen, geregelt ist.

Es scheint, dass seither das Briefeschreiben in der Familie Neudeck eine gewisse Tradition bekommt: Viele Jahre später, nämlich 2013, wird Milenas Nichte Nola Neudeck ihre Oma Christel – die sie „Gogo" nennt – bitten, der Kanzlerin Angela Merkel in ihrem Namen ein paar Zeilen aufzusetzen. Sie möchte darin über die üblen Machenschaften des Präsidenten von Simbabwe aufklären. Weil Nola in ihren ersten Lebensjahren in dem afrikanischen Land aufgewachsen ist, bis die Familie es schließlich verlassen musste, weiß sie, wovon sie redet:

„Und da gibt es einen Präsidenten, der heißt Mugabe. Und der ist böse, weil der manchmal Leute tötet. (...) Können wir bitte besprechen, dass der wegkommt? Oder dass er so wird wie du?"

Nola Neudeck
an Angela Merkel

Robert Mugabe (2015)

Wie mutig Kinder manchmal sind! Und gelegentlich haben sie mit ihrer Unerschrockenheit sogar Erfolg.

Eine „Gogo", die ein Kind ernst nimmt und die Sache voll und ganz unterstützt, braucht es aber natürlich auch.

KAPITEL 17

Hand in Hand – Die Grünhelme e. V.

Rupert im Kongo

Projekt im Kongo mit Jean-Claude Kibala (links) aus Troisdorf, Vizegouverneur

Vielleicht sogar noch in Erinnerung an seine eigene Zeit beim Bauorden, und sicher auch durch die Erfahrungen der letzten Jahre, hat Rupert erfahren, wie wichtig konkrete Aufbauarbeit für die Bevölkerung vor Ort ist. In diesen Jahren war er am Aufbau zahlreicher Krankenhäuser und Schulen in Krisengebieten beteiligt. Und da er weiß, dass viele Konflikte auf der Welt einen religiösen Hintergrund haben, gründet er 2003 gemeinsam mit Aiman Mayzek den Verein Grünhelme e. V. Inzwischen hat sich Rupert aus der Vereinsarbeit Cap Anamur / Deutsche Not-Ärzte e. V. zurückgezogen. Bei Grünhelme e. V. handelt es sich um eine Art interreligiösen Friedenscorps, in dem Menschen verschiedener Religionen weltweit zusammenarbeiten. Es sind Menschen, die vor allem handwerkliche Fähigkeiten besitzen. Mit viel Engagement werden unter anderem von Maurern, Zimmerleuten und Bauingenieuren Projekte im Libanon, in Mosambik, Nigeria, Senegal und Sierra Leone aufgebaut. Hierfür hat Rupert Neudeck einen wichtigen Grundstein gelegt. Übrigens auch zunächst mit Sitz im Wohnzimmer in Troisdorf, wo auch heute noch die Vereinstreffen stattfinden.

Und – ganz aktuell – helfen die engagierten Grünhelme seit 2021 auch mit, die durch die Flutkatastrophe betroffene Ahrregion wieder aufzubauen. Eine Hilfsaktion quasi direkt vor der eigenen Haustür.

„Man stellt sich vor, was er in dieser oder jener Situation wohl gesagt oder getan hätte. Das lässt ihn auf eine besondere Art ‚dabei sein', und dadurch beeinflusst er uns Grünhelme und unsere Entscheidungen weiterhin. Bei Rupert passiert das mit einer wohltuenden Regelmäßigkeit."

Yvonne Neudeck über ihren Vater

Hand in Hand – Die Grünhelme e. V.

Aktuell unterstützen die Grünhelme ein freies Bildungszentrum im Libanon, in dem syrische Flüchtlingskinder unterrichtet werden. Neben zahlreichen weiteren Projekten dort leistet die Organisation, die Rupert Neudeck und Ayman Mazyek im Jahr 2003 gegründet haben, auch noch wichtige Arbeit in Mosambik, Sierra Leone, Syrien und im Senegal. Von Anfang an hat der Verein das Ziel, den Bau und Wiederaufbau von Einrichtungen wie Schulen, Krankenstationen etc. in Kriegs- und Krisengebieten voranzutreiben. Dabei spielt die Begegnung von Christen und Muslimen und anderen Menschen, die sich gerne engagieren wollen, eine entscheidende Rolle. Im Sinne eines „Friedenscorps", in dem Menschen verschiedener Kulturen, bevorzugt mit handwerklichen Fähigkeiten, weltweit zusammenarbeiten. Das ist einmalig! Geleitet wird der Verein von Simon Bethlehem, Max Werlein und Yvonne Neudeck.

Norwegischer Blauhelm-Soldat während der Belagerung von Sarajevo

Der Name „Grünhelme" ist angelehnt an die Friedenstruppen der Vereinten Nationen, deren Soldaten blaue Helme tragen, damit man sie gut von anderen Soldaten unterscheiden kann. Deshalb werden sie auch Blauhelme genannt. Die Blauhelme sind Militärs, die nach einem Krieg oder in einer angespannten Sicherheitslage den Frieden sichern. Die Grünhelme gehen in Länder (ähnlich wie die Blauhelme), in denen es den Men-schen nicht so gut geht, wie uns in Deutschland, zum Beispiel weil es einen Krieg gab oder ein Erdbeben oder große Armut. Dort bauen sie unterschiedliche Gebäude wieder auf, sodass Kinder wieder in die Schule gehen können und auch wieder ein Zuhause bekommen. Damit sorgen die Grünhelme dafür, dass es den Menschen besser geht und somit gibt es auch weniger Konflikte und Streit.

Ein bekannter deutscher Politiker, Klaus Töpfer, sagte einmal: „Je mehr Grünhelme wir in die Welt versenden, desto weniger Blauhelme brauchen wir später!"

Grünhelme green helmets

In Mosambik, in dem kleinen Ort Sovim, bauen die Grünhelme zur Zeit eine Sekundarschule auf. Durch den

Zyklon Idai und anschließende Überschwemmungen war die alte Schule zuvor zerstört worden. Für die Kinder ist es eine große Freude, dass sie nun neben einer neuen Grundschule (in den Farben ihrer Schuluniform!) auch noch eine weiterführende Schule haben, wo sie einen höheren Abschluss machen können.

Die mobilen Zahnarztpraxen der Grünhelme erreichen viele Menschen, die sonst nicht zum Arzt gehen können. Hier sieht man einen syrischen Zahnarzt, der einen Jungen in einem als Praxis umfunktionierten Wohnmobil behandelt. Die Behandlung ist selbstverständlich kostenfrei.

KAPITEL 18

Überall lauern Gefahren

Für ihre Arbeit, die nur durch Spenden möglich ist, erhält die Familie nicht nur Lob und Zuspruch, sondern in den ersten Jahren auch Drohbriefe von Menschen, die mit ihrem Tun nicht einverstanden sind. Das ist wohl der Preis, den die Neudecks zahlen müssen, weil sie sich dafür einsetzen, dass die vietnamesischen Flüchtlinge in Deutschland aufgenommen werden. Obwohl solche Drohbriefe alles andere als lustig sind, lacht die Familie häufig gemeinsam über den Inhalt der anonymen Post. Was bleibt ihnen anderes übrig? Einmal beispielsweise schickt doch tatsächlich Jemand seine Notdurft in einer Tüte mit besten Grüßen, um seine Abneigung gegenüber der Flüchtlingshilfe zu demonstrieren. „Ab damit ins Klo!" heißt es dann nur – die Familie ist sich wieder mal einig.

Viel schlimmer als die bösen Briefe sind die tatsächlichen Gefahren, denen sich die Helfer Tag für Tag weltweit aussetzen. Rupert wirkt nach außen stark und unerschütterlich, aber er macht sich große Sorgen um seine ehrenamtlichen Mitarbeiter, die unter der Fahne von Cap Anamur / Deutsche Not-Ärzte e.V. und inzwischen auch des Vereins Grünhelme e.V. in vielen Ländern der Erde für die gute Sache unterwegs sind. Manchmal träumt er nachts von Verfolgung und Krieg – das aber weiß nur Christel. Wenn sich Rupert von unterwegs telefonisch meldet, hört sie seiner Stimme sofort an, wenn etwas nicht stimmt. Einmal bekommt auch die älteste Tochter Yvonne so ein Telefonat mit, in dem die Stimme ihres Vaters vor Anspannung bebt. Sofort weiß sie, dass ihr Vater in Gefahr ist. Sie rennt auf ihr Zimmer und wirft sich verzweifelt auf das Bett. Zum Glück kehrt Rupert immer wohlbehalten zurück.

Eines Tages wird dann schließlich sein ganzes Verhandlungsgeschick gefordert. Er erfährt von einer brenzligen Situation im Norden Somalias, wo sich Männer in einem Camp zusammengefunden haben, um mit gestohlenen Waffen einen Krieg anzuzetteln. Die Nerven der Aufständischen liegen offenbar schon

131

blank, sie sind hungrig und scheinen zu allem fähig – gefährlich also, wenn man ihnen Geld für Waffen überlässt. Kurzerhand überweist Rupert seinem Mitarbeiter Henrik Sauer vor Ort 25.000 Dollar und weist ihn an, von dem Geld Kamele zu kaufen.

Kamele? Um einen Krieg zu verhindern? Kamele gelten in Somalia als höchstes Gut. „Ich schwöre bei meinem Kamel" ist ein geflügeltes Wort, das zeigt, welchen Stellenwert das Tier hat. Rupert ist sich sicher, dass die Männer auf den Deal mit den

Kamelen anspringen werden. Und er soll Recht behalten: Vom vierhundert Kilometer entfernten Djibouti lässt Henrik die Tiere nach Somaliland treiben. Dort verhandelt der gelernte Krankenpfleger mit den Rebellen und tauscht Kamele gegen Kalaschnikows. Tiere gegen Waffen. Für dieses Mal scheint der Krieg abgewendet.

„Da haben wir einen erneuten Bürgerkrieg in Somaliland abgewendet durch Kauf und Verteilung einer großen Herde Kamele an die Milizen, die entwaffnet werden sollten."

Henrik Sauer

KAPITEL 19

Die Entführung ändert alles

„Nur wenn das Unmögliche gedacht wird, lässt sich das Mögliche retten."

Rossana Rossandra
(Politische Publizistin)

Auf einer großen Benefizveranstaltung im Circus Krone mit Konstantin Wecker, Roger Willemsen und Dieter Hildebrandt im Jahr 2013 lernt Rupert den syrischen Arzt Ziad Nouri kennen, der sich schon wenige Tage später im Auftrag von Cap Anamur / Deutsche Notärzte e.V. auf den Weg in sein Heimatland macht, um in Azaz ein altes Krankenhaus in Betrieb zu nehmen. Seit Jahren tobt in Syrien ein erbitter-

ter Bürgerkrieg, dem schon viele Menschen zum Opfer gefallen sind. Doch die Gegend in der Nähe der türkischen Grenze gilt eigentlich als ruhig und ungefährlich.

Als am Morgen des 15. Mai 2013 in Troisdorf das Telefon klingelt, gibt es keine guten Nachrichten: Drei Helfer sind entführt worden, darunter Ziad. Keiner weiß, wo sich die Entführten befinden und ob sie noch am Leben sind. Eine Zeit des Bangens beginnt, bis man Bernd und Simon – ziemlich abgemagert und mit zerschundenen Füßen vom langen Fußmarsch – am 3. Juli 2013 in der Türkei aufgreift und sie in Sicherheit bringen kann. Sie haben sich offenbar selbst aus der Gewalt der Rebellen befreien können. Doch von Ziad gibt es immer noch keine Spur und die unbekannten Entführer fordern 25 Millionen Euro Lösegeld. Die Neudecks plagen nun große Selbstzweifel. Sind sie Schuld daran, dass sich andere in Lebensgefahr begeben? Zur großen Erleichterung aller kann sich Ziad zwei lange Monate später selbst befreien. Das ist diesmal nochmal gutgegangen!

KAPITEL 20

Kraft tanken und weiter

Um den Albtraum der letzten Wochen etwas vergessen zu können, gönnen sich Christel und Rupert ausnahmsweise mal eine Auszeit. Sie schwingen sich auf die Fahrräder und fahren – zunächst ohne bestimmtes Ziel – über die Moselregion und die Südpfalz hinüber nach Frankreich. Sieben Tage führen sie ein fast normales Leben. Sie lassen die Seele baumeln, haben morgens Muskelkater in den Waden vom Radeln und genießen das gute Essen. Doch kaum sind sie wieder zu Hause, stürzen sie sich erneut in die Hilfsprojekte, denn überall auf der Welt kriselt es gerade. In Afghanistan beispielsweise, wo man unter anderem den Bau von Schulen und ein gut funktionierendes Bildungsprogramm

auf den Weg bringen möchte. In Sierra Leone, wo sich die Mitarbeiter unter anderem um den Aufbau des zerrütteten Gesundheitssystems kümmern müssen. In den Nuba-Bergen im Sudan, wo man trotz drohender Bombardierung aus der Luft ein Krankenhaus in Lwere aufgebaut hat, das weiter versorgt werden will. Vom Einrichten eines fehlenden Netzes an medizinischer Versorgung in dem kriegsgebeutelten Land ganz zu schweigen.

Rupert geht dieses anstrengende Jahr im wahrsten Sinne des Wortes „ganz schön an die Nieren". Er muss im Dezember dreimal hintereinander ins Krankenhaus. Bei allem, was er tut, gibt ihm sein Glaube an Gott die Kraft, die er für seine Unternehmungen braucht. Er ist zuversichtlich, dass es nach dem Tod nicht einfach vorbei ist, sondern etwas anderes kommen wird. Diese Vorstellung macht ihn angstfrei und stark. Ist es nicht ein wunderbares Zeichen, dass ausgerechnet in diesem Jahr drei seiner später sechs Enkel das Licht der Welt erblicken?

„Man muss etwas tun, ohne lange vorher zu überlegen, ohne zu fragen, ob es überhaupt geht, ob man genug Geld dazu hat. Man muss etwas tun."

Rupert Neudeck

„Unsere Kinder und ich wünschen uns, dass Rupert weder als Heiliger verehrt wird noch in einem Museum auf einen Sockel gesetzt wird. Wir wünschen uns, dass wir seinen Mut, seine Unbedingtheit, sein Nichtaufgeben und seine Fröhlichkeit in unser Leben übertragen können."

Christel Neudeck

KAPITEL 21

Rupert Neudecks
Erbe

Rupert Neudeck stirbt am 31. Mai 2016 nach einer Herzoperation. Viele sind erschüttert, sowohl diejenigen, die ihm nahestanden, als auch Menschen, die nur von seinen Taten gehört haben. Obwohl er zeitlebens mit Krieg, Verbrechen und Vertreibung zu tun hatte, ist er immer ein fröhlicher, optimistischer Mensch geblieben. Und so ist er vielen zum Vorbild geworden. Allen voran sicher auch seinen eigenen Kindern und Kindeskindern. Während die Beerdigung im kleinen Kreis stattfindet, finden sich bei der Trauerfeier in der Kölner Kirche St. Aposteln unzählige Menschen ein, die ihm die letzte Ehre erweisen, darunter Navid Kermani und viele bekannte Politiker. Es sind auch diejenigen gekommen, die

Kölner Kirche St. Aposteln

Rupert Neudecks Grab

ohne ihn gar nicht mehr am Leben wären: Die ehemals vietnamesischen Flüchtlinge mit ihren Familien.

Schon zu Lebzeiten hat Rupert viele Auszeichnungen bekommen, darunter die Theodor-Heuss-Medaille, den Erich-Kästner-Preis, den Marion-Dönhoff-Preis, die Ehrendoktorwürde der Westfälischen Wilhelms-Universität Münster und die der Universität Prizren im Kosovo, den Bürgerpreis der deutschen Zeitungsverleger, den Erich-Fromm-Preis, den Bornheimer der Europaschule Bornheim.

Dabei ging es ihm nie um sich selbst, sondern immer nur um die gute Sache. In Fernsehsendungen trat er oft mit unterschiedlich farbigen Socken auf oder wenn er irgendwo zu Gast war,

FÜR VORBILDLICHES DEMOKRATISCHES HANDELN THEODOR HEUSS STIFTUNG

Theodor Heuss Medaille, entworfen von Prof. Karl Ulrich Nuss trug er auch schon mal – völlig uneitel – ein abgewetztes Jacket.

Nach seinem Tod fragen sich viele, wie es nun ohne ihn weitergehen soll.

Zwischen Burg Wissem und dem Wildpark Wahner Heide steht heute ein Denkmal, das ehemalige vietnamesische Bootsflüchtlinge gespendet haben. „Weder furchtsam noch tollkühn" steht neben einem von Joost Meyer entworfenen Relief seines Kopfes. Christel hat diesen Ort ausgesucht – mitten im Grünen. Hier kann Rupert wieder zum Beobachter werden, wie schon damals als kleiner Junge. Wachsam, unerschrocken und vollkommen unbeeindruckt von dem, was andere von ihm denken.

Gedenktafel auf der Burg Wissem, hinter dem Bilderbuchmuseum in Troisdorf – gespendet von ehemaligen „Boat People".

Andenken

In Troisdorf auf einer Verkehrsinsel kann man eins der kleinen Rettungsboote besichtigen, mit dem die vietnamesischen Flüchtlinge einst aus dem Meer gerettet und zur Cap Anamur gebracht wurden. Normalerweise wurden die kleinen Boote vor Ort direkt gesprengt, weil man

Fluchtboot, das Ende April 1984 von der CAP ANAMUR im südchinesischen Meer aufgefunden wurde. Es war mit 52 Menschen besetzt.

Christel Neudeck und ihre Familie

sie nicht mitnehmen konnte. Unvorstellbar, dass in dieser kleinen „Nussschale" manchmal bis zu 52 ausgewachsene Menschen Platz fanden.

Im rheinischen Troisdorf bei Bonn gibt es tatsächlich einige Hinweise auf den berühmten Sohn der Stadt: Rupert Neudeck. Im Jahr 2018 wurde ein Denkmal von ehemaligen vietnamesischen Flüchtlingen feierlich eingeweiht und auf dem Friedhof kann man sein Grab besuchen.

Sicherlich würde ihn besonders freuen, dass zahlreiche Schulen in Nordrhein-Westfalen seinen Namen tragen, weil ihm Bildung immer wichtig gewesen ist. Es ist vor allem aber seine Familie, die den Gedanken, anderen zu helfen, die in Not sind, in die nächste Generation weiterträgt.

Bildung für alle

In Troisdorf, Tönisvorst, Nottuln und Bochum gibt es heute Schulen, die nach Rupert Neudeck benannt sind – dem „Vorbild gelebter Menschlichkeit", wie Angela Merkel ihn bezeichnete. Das zeigt, wie sehr man heute noch seine Arbeit schätzt. Und wie wichtig es ist, Kindern und Jugendlichen als gutes Vorbild voranzugehen. Der Verein Cap Anamur / Deutsche Notärzte e. V. besteht auch noch nach mehr als vierzig Jahren und entsendet ehrenamtliche Helferinnen und Helfer von Köln-Ehrenfeld aus, wo sich die Geschäftsstelle befindet, in die ganze Welt.

Heute setzen – neben Christel Neudeck – auch Ruperts erwachsene Kinder die wertvolle Arbeit fort. Yvonne (geboren 1972) ist Afrikanistin, Marcel (geboren 1974) ist Regisseur und Grundschullehrer und arbeitet als Lehrer, und Milena (1980) ist Lehrerin für Spanisch, Englisch und Geschichte. Alle sind sozial engagiert – wie die Eltern das vorgelebt haben.

Christel hat eine gute Familientradition aufgenommen und einen Brief für Nola Zodwa (die Kreative), Kasimir (den Analytiker), Lotte Carla (die Balletteuse), Lucas Karl (den Philosophen), Eliot (den Kabarettisten) und Bruno, den kleinen Anarchisten geschrieben. Er ist sehr lang und ausführlich und soll sicher nicht in einem Rutsch gelesen werden. Vielleicht werden die Kleineren die Zeilen erst in ein paar Jahren lesen. Erst einmal scheint es beim Schreiben für sie so, als wäre Rupert noch da. Manchmal ist es so, als diktiere er ihr die Zeilen. Das ist schön. Und traurig zugleich.

Offenbar trägt er – der kleine Junge aus Danzig, der unfreiwillig in die Welt musste, um eine neue Heimat zu finden – diese Familie noch immer: „Rupert ist in jeder Ritze unseres Hauses. Überall Bücher. Dauernd frage ich ihn, und meistens antwortet er mir."

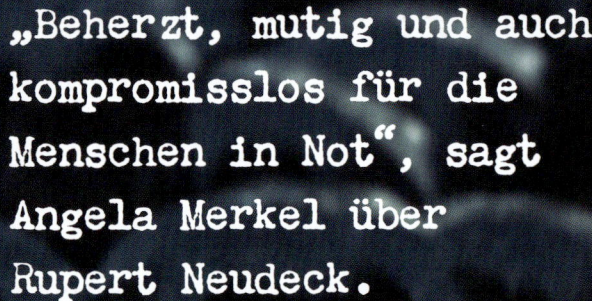

„Beherzt, mutig und auch kompromisslos für die Menschen in Not", sagt Angela Merkel über Rupert Neudeck.

„Rupert Neudeck war ein schmaler, zerbrechlicher Mann. Eine Naturgewalt, wenn er anderen zu Hilfe kam."

Claus Kleber

NACHWORT VON CHRISTEL NEUDECK

Weder furchtsam noch tollkühn

Rupert ist gestorben, weil wir alle mit dem Tod in uns geboren werden. Wenn man großes Glück hat, kann man in der Lebenszeit zwischen Geburt und Tod etwas Gutes bewirken. Rupert hatte dieses Glück, war mutig und zudem voller Gottvertrauen, dass alles gut gehen wird. Das machte ihn stark.

Er wurde in Danzig geboren. Das Motto seiner Heimatstadt ist: Weder furchtsam noch tollkühn – so hat er gelebt.

1979 änderte sich unser Leben radikal. Mein Mann und ich charterten mit Freunden das Rettungsschiff Cap Anamur, das in den folgenden drei Jahren genau 11.300 vietnamesische Bootsflüchtlinge im Südchinesischen Meer rettete.

Schon im Mai 1980 folgte das erste große Medizinprojekt in Somalia. Im gleichen Jahr bekamen wir unser drittes Kind. Rupert arbeitete weiter als Journalist im Deutschlandfunk. Vierzehn Jahre lang war die Zentrale des Komitees in unserem Wohnzimmer in Troisdorf, später dann in Köln.

Als ein Besucher sagte: „Hier sieht es nach Arbeit aus", wusste ich, was er meinte. Günter Grass schrieb in einem Beitrag über unser Wohnzimmer: „Diese Leute lieben das Chaos. Das mache sie kreativ ... Wir haben es in diesem Fall mit Idealisten zu tun, die sich einen Dreck um bestehende Vorschriften, Richtlinien und so weiter kümmern." Ganz so war es natürlich nicht. Aber wir fühlten uns auf der Seite der Schwachen, die sich selbst nicht zu helfen vermochten und denen wir mit Hilfe der SpenderInnen und unserer wunderbaren MitarbeiterInnen nicht selten sogar das Leben retten konnten.

Widerstände musste man aushalten können. Man kann nicht erwarten, dass alle Menschen diese Arbeit toll finden, zumal dann nicht, wenn man Flüchtlinge nach Deutschland bringt, die nirgendwo sonst auf der Welt einen Platz finden. Von diesen Flüchtlingen sagte Wolfgang Schäuble später: „Wenn es ein Beispiel gibt, dass Integration keine Bedrohung ist sondern eine Bereicherung, so ist es die Geschichte der Menschen aus Vietnam, die unter uns leben." Aber: Es ist meistens eine große Freude, mit Gleichgesinnten zusammen etwas von dem abzugeben, was man ohne großes Zutun geschenkt bekam, an die, die ohne Zutun unter ganz schlechten Bedingungen geboren wurden. Albert Camus lässt in seinem Buch „Die Pest" den Protagonisten Rambert sagen, als dieser entscheidet, in der Peststadt zu bleiben und zu helfen: „Man kann sich schämen, allein glücklich zu sein."

Es ist ein Geschenk für mich, als Großmutter zu erleben, dass die Arbeit von Cap Anamur und den Grünhelmen so fachkundig und mit Begeisterung fortgeführt wird.

Lukas Ruegenberg brachte uns vor über 40 Jahren ein von ihm gestaltetes Plakat für unsere Arbeit, seither sind wir befreundet. Rupert charakterisierte ihn treffend: Lukas ist ein Mann mit Charisma, von benediktinischer Gesinnung und franziskanischem Gemüt. Genauso habe ich ihn in den vielen Jahren erlebt, voller Energie und Vertrauen.

Dass in Christina Bacher eine Jugendbuchautorin gewonnen werden konnte, die ihr Handwerk professionell und außerordentlich engagiert ausübt, ist das Verdienst von Thomas Schmitz und Paula Peretti, ohne die dieses Buch in der vorliegenden Form sicher nicht entstanden wäre.

Noch etwas: Unsere Kinder sagen, dass dieses etwas außergewöhnliche Familienleben ihnen genutzt und nicht geschadet hat – und: Sie müssen es ja wissen.

SCHLUSSWORT VON KONSTANTIN WECKER

In der Zeit der großen Friedens-demonstrationen Anfang der 80er-Jahre stellte ich in einem Lied die Frage: „Fällt uns denn außer Töten schon nichts mehr ein?" Rupert Neudeck fiel etwas ein: Er rettete ganz einfach Leben, und er half damit wahrscheinlich mehr Menschen als jeder andere, dem ich in meinem nun auch schon bald 75-jährigen Leben begegnet bin. Für Rupert Neudeck zählte immer der Einzelmensch und sein Schicksal. Erich Kästners Satz „Es gibt nichts Gutes, außer man tut es" hat Rupert Neudeck konse-quent wie kaum ein anderer gelebt. Weltweit und unermüdlich halfen Rupert und seine Frau Christel mit ihren humanitären Einsätzen. 2004 sind wir uns in einer Talkshow begeg-net und zuletzt im April 2009 bei der Buchpräsentation „Zwei Leben für die Menschlichkeit" im Haus der Geschichte in Bonn. Franz Alt hat moderiert, und ich durfte ein paar Lieder beisteuern. Zu meinem Buch „Mönch und Krieger" hat Rupert Neudeck geschrieben: „Es können gar nicht genug Menschen mit einer oder der anderen Spiritualität gewonnen werden, damit nicht weiter das Geld in solchen Tonnagen aus dem Fenster geworfen wird für Rüstung." In einer Zeit, die furchtbar realistisch wieder einmal Gefahr läuft, dass uns außer Töten schon nichts mehr einfällt, braucht es umso dringlicher ganz viele wie Rupert Neudeck, dessen Lebensleistung uns Vorbild und Wegweiser bleiben möge.

ÜBER DIE AUTORIN

<u>Christina Bacher</u>, geb. 1973 in Kaiserslautern, lebt als Autorin und Journalistin mit ihrer Familie in Köln. Bereits während des Studiums der Germanistik in Bonn, Marburg und Montpellier, engagierte sie sich sowohl für die Lese- und Schreibförderung von Kindern und Jugendlichen als auch für Menschen ohne festen Wohnsitz. Sie wurde u.a. ausgezeichnet mit dem Sonderpreis des Kölner Innovationspreises Behindertenpolitik, dem Sonderpreis der Kunststiftung NRW und mit dem Tatort Töwerland Stipendium. In ihren Büchern – darunter Kinderbücher, Romane und Sachbücher – geht es häufig um diejenigen Menschen, die nicht auf der Sonnenseite des Lebens stehen.

ÜBER DEN ILLUSTRATOR

Lukas Ruegenberg, geb. 1928 in Berlin, Künstler und Ordensbruder in der Benediktiner-Abtei Maria Laach. Er studierte Malerei bei Karl Schmidt-Rottluff, dem bekannten Maler und Bildhauer des Expressionismus, und engagiert sich seit 1965 für soziale Arbeit (insbesondere für den „Kellerladen e.V." in Köln). Seine ersten Bilderbücher erschienen im Middelhauve Verlag, es folgten viele weitere. In seinen Büchern widmet er sich am liebsten Menschen, die am Rand der Gesellschaft stehen, und Persönlichkeiten, die sich selbst in den Dienst der Menschen stellen. In ihrer Zartheit und Zeichnung sind seine Bilder einzigartig und bleiben im Gedächtnis haften.

248 Seiten, Best.-Nr.: L16
ISBN 978-3-947984-15-2

JOSEF EINWANGER

DAS GLASZIMMER

Das Buch zum Film (mit Romantext)

„Nie wieder Krieg!" – das war und ist der Wunsch der Menschen nach dem verheerenden Zweiten Weltkrieg, bei dem mehr als 60 Millionen Soldaten und Zivilisten getötet wurden. Und doch gibt es seitdem immer wieder Kriege in der Welt; seit dem 24. Februar 2022 mit dem Angriff auf die Ukraine auch in Europa.

Im „Glaszimmer" erzählt der Autor Josef Einwanger von den letzten Monaten des Zweiten Weltkriegs, die der zehnjährige Felix mit seiner Mutter in einem kleinen bayrischen Dorf erlebt. Dabei geht es um die Gefahren der Verführung – gerade für junge Menschen – durch die Kraft der nationalsozialistischen Weltanschauung, der NS-Symbole, der vermeintlichen „Werte" und den zweifelhaften Versprechen für die Zukunft. Schließlich werden auch die Schrecken des tödlichen Krieges deutlich.

Das „Buch zum Film" enthält neben dem Romantext ganz persönliche Erinnerungen des Autors an die Zeit, in der die Handlung des Romans spielt. Neben Interviews mit dem Autor und einigen Schauspielerinnen und Schauspielern enthält das Buch Hintergrundinformationen zu ausgewählten Aspekten der Geschichte der nationalsozialistischen Zeit.

Text & Illustration:
Hans Hentschel

BUNTE AUGENBLICKE MIT DER BIBEL

224 Seiten, Best.-Nr.: L15
ISBN 978-3-947984-14-5

„Bunte Augenblicke mit der Bibel" nimmt mit auf eine Reise in die Welt der Bibel und lässt diese Zeit wieder lebendig werden. Begegnungen mit Eva und Adam, Frau und Herrn Noah im Alten Testament gehören ebenso dazu wie im Neuen Testament Bootsfahrten mit Jesus auf dem See Genezareth oder eine Übernachtung mit Frühstück im Haus der griechischen Kauffrau Lydia. Alle Geschichten sind in sich abgeschlossen, können in wenigen Minuten selbst gelesen oder vorgelesen werden. In einem knappen Schlussteil wird mit einer kurzen Anleitung Mut gemacht, selbst ein Bild zu einer der Geschichten zu malen.

Leseprobe →

163

1 – (D)An(k)fang

Gott baut seine gute Welt

Erde und Himmel, Ozeane und Seen, Flüsse und Teiche, Bäume und Büsche, Himmelskörper und alles, was auf der Erde lebt, macht Gott an sieben Schöpfungstagen. Und Gott besieht sich alles und findet es: Sehr gut!

Da sitzt eine, singt vom Beginn der Welt und dankt Gott: „Herr, du bist der Herrscher über die Welt, die du gemacht hast". Und dann denkt sie daran, dass ganz am Anfang ja alles erst gemacht werden musste, was da ist. Die Erde, auf der die Menschen leben, der Himmel, an dem die Vögel fliegen und die Wolken ziehen, die Bäume und Büsche, das Gras … und, ach ja, natürlich auch die Tiere.

Einer sagt: „Mücken hat Gott aber nicht gemacht!"

Eine sagt: „Spinnen sicher auch nicht …!"

Und die Sängerin sagt: „Alles hat Gott gemacht. Die ganze Erde und die Welt."

„Mich auch?", fragt ein kleines Mädchen die Sängerin. Und die Sängerin lacht: „Schafe, Rinder, wilde Tiere, Vögel … und auch dich hat Gott gemacht."

„Wann?", fragt das kleine Mädchen.

„Ganz am Anfang der Welt, als alles noch ein riesengroßes Nichts war."

„Oh, da muss ich aber staunen?", sagt das kleine Mädchen.

Und die Sängerin sagt: „Ich staune auch ganz gewaltig." Dann singt sie wieder: „Lobe Gott, meine Seele! Denn er hat die Erde gemacht und allen Lebewesen festen Boden unter den Füßen gegeben. Und so wird es immer bleiben."

Das kleine Mädchen singt jetzt auch: „Gott, wie sind deine Werke so viel und groß! Diese Erde ist voll von deiner Gutheit!"

2 – Obst aus Gottes Garten
Eva und Adam verlieren das Paradies

Eva und Adam sind die ersten Menschen und wohnen im Paradies. Dort ist alles perfekt, bis die beiden eine Abmachung mit Gott brechen.

Eva und Adam leben in Gottes Garten. Da ist es schön und immer gibt es frisches Obst und Gemüse. Einen Baum mit seinen Früchten hat sich Gott aber reserviert. „Von dem dürft ihr beiden nicht essen", hat Gott gesagt. Aber die Früchte sehen so superlecker aus! Eva und Adam fällt es schwer, an dem Baum vorüberzugehen und nicht davon zu probieren.

„Wollen wir doch mal probieren, obwohl Gott es eigentlich verboten hat?", fragt Eva.

„Nee, lieber nicht … obwohl … diese Früchte schmecken bestimmt überaus gut!"

Und da stimmt den beiden die Schlange zu, die auch im Paradies lebt: „Diese Früchte sind etwas ganz Besonderes. Na los! Bedient euch! Wirklich lecker!"

„Dann probieren wir es mal! Vielleicht merkt Gott es ja gar nicht."

Und die beiden ersten Menschen pflücken eine der Früchte, beißen kräftig zu. Nun ist es passiert.

„Ihr sollt von diesem Baum nicht essen! Im Paradies müssen sich alle an meine Regeln halten", ist Gott erzürnt. „Und weil ihr euch nicht an meine Regel gehalten habt, müsst ihr meinen Garten verlassen."

„Wir haben es ja nicht böse gemeint", versuchen Eva und Adam ihre Tat zu entschuldigen, „wir sind von der Schlange überredet worden."

„Ihr hättet euch besser nicht überreden lassen", sagt Gott und weist die beiden aus dem Paradies hinaus: „Da geht es raus!"

Bildnachweis